पटना डायरी

पटना डायरी

निवेदिता

वाणी प्रकाशन

वाणी प्रकाशन
4695, 21-ए, दरियागंज, नयी दिल्ली 110 002
फ़ोन : +91 11 23273167 फ़ैक्स : +91 11 23275710

शाखाएँ
अशोक राजपथ, पटना 800 004, बिहार
कॉफ़ी हाउस कैम्पस, महात्मा गांधी मार्ग, इलाहाबाद 211 001, उत्तर प्रदेश
महात्मा गांधी अन्तरराष्ट्रीय हिन्दी विश्वविद्यालय, वर्धा 442 001, महाराष्ट्र
सुल्तानिया रोड, मोतिया पार्क, भोपाल 462 001, मध्य प्रदेश

www.vaniprakashan.com
marketing@vaniprakashan.in
sales@vaniprakashan.in

Patna Diary
by Nivedita

ISBN : 978-93-90678-37-2
Memoirs

प्रथम संस्करण 2021

मूल्य : ₹ 299

आर. टेक ऑफ़सेट प्रिंटर्स, दिल्ली-110032 में मुद्रित

वाणी प्रकाशन का लोगो मक़बूल फ़िदा हुसेन की कूची से

पुश्किन, तनया, शानू, सिया, अमन
और
तन्मय के लिए

अपनी बात

'पटना डायरी' आपके हाथ में है। आप तय करेंगे इस डायरी में पटना का दिल धड़कता है या नहीं। इस डायरी में यहाँ रहने वालों के क़िस्से हैं, यादें हैं और इस शहर से मुहब्बत की दास्तान हैं। हर शहर का अपना मिज़ाज होता है, शहर की संस्कृति और उसका इतिहास ही ये बताता है कि शहर ने क्या पाया और क्या खोया। मैं इस शहर के रेशे–रेशे से वाकिफ़ हूँ। एक ज़माने में पटना में बड़ा समृद्ध मध्यवर्ग हुआ करता था। बड़ी आलीशान इमारतें थीं। अब ज़्यादातर इमारतें खँडर में तब्दील होने लगी हैं। उन दिनों यहाँ बंगाली और पारसी लोगों की भी बड़ी आबादी थी।

2500 साल पुराना है पटना का इतिहास। इतिहास सिर्फ़ राजा, महाराजा का ही नहीं होता, इतिहास निर्मित होता है यहाँ रहने वाले लोगों से, यहाँ की मिट्टी से।

कहते हैं पटना में गुलाब के फूलों से तरह–तरह के इत्र, दवा आदि बनाकर उनका व्यापार होता था इसलिए इसका नाम पाटलिग्राम हो गया। लोककथाओं के अनुसार, राजा पत्रक को पटना का जनक कहा जाता है। कहा जाता है कि उसने अपनी रानी पाटलि के लिए जादू से इस नगर का निर्माण किया था। इसी कारण नगर का नाम पाटलिग्राम पड़ा।

मैंने पटना का इतिहास नहीं लिखा है। इतिहास लिखना मेरा काम भी नहीं है। 'पटना डायरी' में मेरी यादें हैं, धड़कते हुए दिलों की कहानी है, जिसे मैं ख़ज़ाने की तरह अपने पास रखती हूँ।

जब चाहा उसमें से कुछ निकाल लेती हूँ। मैं अपने शहर को सुनती रहती हूँ। कभी मुझसे दूर जाते हुए, कभी पास आते हुए। दुनिया के शोर से परे, ये शहर अपनी रौ में बहता रहता है। सिर्फ़ लहू का शोर धमनियों में सुनाई देता है।

हमारी यादों में शहर की रची–बसी चीज़ें ही नहीं, खोयी हुई दुनिया के खँडर भी दिखायी देते हैं। निर्मल वर्मा कहते हैं, 'हमारा अतीत कोई एक जगह ठहरा हुआ स्टेशन नहीं है, जो एक बार गुज़रने के बाद गायब हो जाता है, वह यात्रा के दौरान हमेशा अपने को अलग–अलग झरोखों से दिखाता है'।

मैं अक्सर अपने शहर से बातें करती हूँ। रात के अँधेरे में तारे टिमटिमाते हैं, हवा के साथ नशीली गन्ध मेरे भीतर उतर जाती है और सारी कहानियाँ किसी तलघर के अँधेरे में कुलबुलाती हैं। वर्षों बाद उन्हें मेरे भीतर से निकलने का रास्ता मिल गया। अब ये आपके सामने हैं। समूचा वन स्थल खुला है। आप जहाँ चाहें घूम लें। मैं इन्तज़ार करूँगी आपके लौटने का।

अनुक्रम

आलोक धन्वा और सफ़ेद रातें

पटना। किसी वैसे कवि पर लिखना जो आपका दोस्त हो, जो हमराह हो, जिसके साथ आपने संघर्षों के दिन साझा किये हों, मुश्किल काम है। आलोक धन्वा पर लिखना मेरे लिए वैसा ही है जैसे आप अपनी आपबीती लिख रहे हों। मशहूर अफ़सानानिगार इस्मत चुग़ताई कहती हैं, जगबीती अगर अपने आप पर बीती महसूस न की हो तो वह इन्सान ही क्या? और बग़ैर परायी ज़िन्दगी को अपनाये हुए, कोई कैसे लिख सकता है!

मैं आलोक जी को बचपन से जानती हूँ। जितना उनको नहीं जानती उतना उनकी कविताओं को जानती हूँ। मेरी तरह हज़ारों लोगों के दिलों में बसती हैं उनकी कविताएँ। कितनी ही लड़कियाँ उनकी कविताएँ पढ़कर मन–ही–मन उनके पीछे भागती रही हैं।

इतने सालों में मैंने उन्हें टुकड़े–टुकड़े में जाना है। उनकी कमज़ोरियों को भी और उनकी ताक़त को भी। उनकी नादानियों पर रहम भी आया है और उनकी शरारतों पर प्यार। उनके इश्क़–ओ–मुहब्बत के कारनामे पर मज़ा भी लिया है और दुख भी हुआ है। मुझे याद है एक बार एक पुस्तक मेले में हम मिले। उन्हें कई बच्चों ने घेर रखा था। किसी प्रसंग में उन्होंने कहा कि निवेदिता और हम काफ़ी पुराने दोस्त हैं। यह सम्भव था कि वह पहले मिलती तो मैं उससे प्रेम करता और शादी भी। मैं इस तरह की टिप्पणी के लिए तैयार नहीं थी। पर उन्होंने ये बात जितनी मासूमियत से कही कि मैं कुछ कह नहीं पायी। उनकी सबसे बड़ी ताक़त उनके शब्द ही हैं।

शब्द बहते हैं जैसे बहती है नदी। शब्द लोगों की स्मृतियों में ज़िन्दा रहते हैं। वैसे ही जैसे कबीर, तुकाराम, ग़ालिब और फ़ैज़ हमारी रगों में ज़िन्दा हैं। ज़िन्दगी और लेखन के मोर्चे पर आलोक मुख़्तलिफ़ इन्सान हैं। उनके निजी जीवन की त्रासदियों से हम सब परिचित हैं। कई बार खुली किताब की तरह उनका जीवन लोगों के बीच रहा है। फिर भी बहुत कुछ है जो उनके भीतर ही है। एक घाव की तरह जो मवाद से भरा हुआ है। हल्की ठेस से भी बह निकलता है। मेरी मुश्किल यह है कि मैं एक स्त्री हूँ इसलिए स्त्री के दुख को एक स्त्री की तरह समझ सकती हूँ। आलोक के जीवन में क्रान्ति का आना एक हादसा था, जाना भी एक हादसा है। यह बात इतने भरोसे के साथ इसलिए कह रही हूँ कि दोनों की ज़िन्दगी को नज़दीक से देखा है। दोनों से प्यार करती हूँ। क्रान्ति ने अपना नाम बदल लिया है, अब वह असीमा के नाम से जानी जाती है, पर मेरी जुबान पर उसका यही नाम है। हम अक्सर मिला करते थे जब वह 'आज' अख़बार में काम करती थी। मैं 'सहारा' में। ऑफ़िस पास–पास था। हम एक–दूसरे के दुख और सुख के साझीदार थे। समय के साथ बहुत कुछ बदलता है। रिश्ते भी बदलते हैं। पहले की तरह अब क्रान्ति से न तो मुलाक़ात होती है और न अब हम साझीदार रहे हैं। फिर भी वह समय जो हम लोगों ने साथ गुज़ारे बेशक़ीमती हैं। उन दोनों के जीवन के दुखद प्रसंगों को मैं कुरेदना नहीं चाहती। क्योंकि मैं यह मानती हूँ कि किसी भी सम्बन्ध के स्याह और उजले पक्ष होते हैं। उन पक्षों का प्रामाणिक इतिहास वही लिख सकता है जिसने उस ज़िन्दगी को जीया है। हम सब तो ऊपरी सतह को देख पाते हैं। गहरे जल में उतरना जोख़िम भरा है। ये जोख़िम मैं नहीं लेना चाहती क्योंकि मैं दोनों को खोना नहीं चाहती हूँ। जब क्रान्ति ने अपना दुख लिखा था तो हम सब सकते में थे। मेरी माँ ने एक बात कही जो मैं हमेशा कहती हूँ। जो आदमी स्त्री पर इतनी सुन्दर कविताएँ लिख सकता है वह क्या ऐसा हो सकता है?

स्त्रियों ने रचा जिसे युगों में
युगों की रातों में
उतने निजी हुए शरीर
आज मैं चला ढूँढ़ने अपने शरीर में

माँ का सवाल जितना सरल है जवाब उतना ही मुश्किल। कविता लिखना और कविताओं की तरह होने में फ़र्क़ है। और आदमी लोहे का नहीं बना होता। वो हाड़–मांस का है। उसकी अपनी कुण्ठाएँ उसका अँधेरा और उसकी वर्जनाएँ होती हैं। फिर भी मैं मानती हूँ कि जो इन सबसे जूझ कर निकलेगा मनुष्यता उसी के पक्ष में खड़ी रहेगी। हम सब अपने भीतर नरक और स्वर्ग लिए फिरते हैं। नरक और स्वर्ग के बीच मन है जहाँ उम्मीद की रौशनी है। मन नहीं होता तो शायद ऐसी कविताएँ लिखी नहीं जातीं...

दुख–सुख तो आते–जाते रहेंगे
सब कुछ पार्थिव है यहाँ
लेकिन मुलाक़ातें नहीं हैं पार्थिव
इनकी ताज़गी रहेगी यहीं हवा में
इनसे बनती हैं नयी जगहें
एक बार और मिलने के बाद भी
एक बार और मिलने की इच्छा
पृथ्वी पर कभी ख़त्म नहीं होगी

मुझे लगता है प्यार हमेशा ज़िन्दगी से लम्बा होता है। प्यार हो तो एक–दूसरे की ज़रूरत भी बनी रहती है। प्यार ही है जिसने आलोक को डुबोया और प्यार ही है जिसने निकाला। ज़िन्दगी और लेखन के मोर्चे पर आलोक धन्वा लड़ते रहे हैं। उड़ाने भरते रहे हैं। सच को, बिना किसी मिलावट के साहसपूर्वक कहने की कला ने ही आलोक को दुनिया के महान रचनाकारों के समकक्ष रखा। जिसमें आम आदमी के संघर्ष की गूँज है, प्रेम है। भय, आतंक, मृत्यु के बीच उनकी कविताएँ मनुष्य के अपराजेय साहस का अभिषेक करती हैं। आलोक ने उन जगहों को छुआ है जिन्हें इतिहास ने जानबूझ कर अनदेखा किया है। वे अपने पाठकों को वहाँ ले गये जहाँ निपट अँधेरा है–

क्या है इस पूरे चाँद के उजाले में
इस बिखरती हुई आधी रात में
जो मेरी साँस
लाहौर और कराची और सिन्ध तक उलझती है
क्या लाहौर बच रहा है?
वह अब किस मुल्क में है
न भारत में
न पाकिस्तान में
न उर्दू में
न पंजाबी में
पूछो राष्ट्र निर्माताओं से
क्या लाहौर फिर से बस पाया

आलोक धन्वा पर लिखते हुए मैंने चाहा कि उनको एक मित्र, कवि और एक स्त्री की तरह देख सकूँ। उन्हें देखूँ जिनकी आँखों में समाजवाद का सपना अभी भी जीवित है। उसे देखूँ जिसके विचारों में दुनिया को बदलने का फ़लसफ़ा छिपा है। उसे देखूँ जो देख रहा है एक महान सपने को ढहते हुए। आलोक जी से मेरी पहली मुलाक़ात '82 के दौर में हुई। इप्टा में नाटक के रिहर्सल के दौरान। एक लम्बा आदमी। लम्बे बाल और लम्बी दाढ़ी। साँवला रंग। मुझे देखकर उन्होंने पूछा कि तुम नीति बाबू की बेटी हो। वो मेरे दोस्त हैं। उनका हुलिया मुझे अजीब लगा था। पर उसी इन्सान को जब कविता पढ़ते हुए सुना तो बेशुमार रंग मेरे सामने झिलमिलाने लगे। शब्द बहने लगे। आसमान पर सितारे सुलगने लगे। ख़ुश्क होती नदियाँ पानी से लबालब भर गयीं। सफ़ेद रात मेरे रगों में उतर गयी। मैं देख रही थी वे अब थके हुए, दुबली काया वाले इन्सान नहीं थे। सृष्टि के लय के साथ पूरा तारतम्य बिठाते हुए वे पढ़ रहे थे। जिसके लिए कविता जीवन की सबसे स्वाभाविक क्रिया हो। इतिहास और मिथकों की तमाम पुरानी परम्पराएँ, कला और सौन्दर्य की तमाम कालजयी परम्पराएँ, जैसे आपके सामने एकाएक साकार हो उठी हों।

आलोक धन्वा अगर दुबारा लिख पाये तो इसलिए कि वे यक़ीन करते हैं कि कविता दुनिया को बदल सकती है। कविता क्रान्ति का बीज बो सकती है। कविता प्रेम की ज़मीन लहलहा सकती है। कविता किसी चरवाहे की बाँसुरी की तरह है।

अन्त में महान नर्तकी इजाडोरा डंकन के शब्दों में—एक इन्सानी ज़िन्दगी का सत्य क्या है, और इसे कौन पा सकता है? ख़ुद ईश्वर भी चकित रह जायेगा। इस पीड़ा और आनन्द के बीच, इस गन्दगी और शुद्धता के बीच, इस शरीर में छिपी नारकीय तृष्णाओं और साहसिक सौन्दर्य के बीच—सत्य कहाँ है? भगवान ही जानता है, या शैतान, लेकिन मुझे लगता है दोनों चकित हैं।

जीवन से भरी एक स्त्री

जो लोग आपके प्रिय हों उनके बारे में लिखना आसान नहीं होता। उषाकिरण खान के बारे में लिखना मेरे लिए समुद्र के गहरे जल में उतरने जैसा है। जानती तो उन्हें वर्षों से थी पर वह जानना एक पत्रकार का एक लेखक को जानने जैसा था। जैसे–जैसे उनके नज़दीक गयी मैंने पाया ज़िन्दगी ढेर सारे रंगों के साथ मौजूद है। हैरान थी एक स्त्री के भीतर इतने सारे रंगों को देखकर। ज़िन्दगी के इस पड़ाव पर बहुत कम लोग इतने सक्रिय रहते हैं। उन्हें देखकर मुझे हमेशा महान अभिनेत्री जोहरा सहगल की याद आती है, जो ज़िन्दगी के 92 साल तक अभिनय करती रहीं, थिरकती रहीं। जीवन से भरी हुई जोहरा सहगल ने इस मुक़ाम को पाने के लिए लम्बा संघर्ष किया। एक स्त्री के लिए रचना एक संघर्ष है। जब स्त्री रचती है तो परम्पराएँ टूटती हैं। स्त्री के लिए लिखना ख़ून से सनी राहों पर चलने जैसा है। ये राह उषाकिरण खान ने चुनी और अपनी धुन में आगे बढ़ती गयीं। इस घुमावदार और रोमांचक सफ़र में आम लोगों की ज़िन्दगी, हमारी परम्परा, हमारे इतिहास को उन्होंने समेटा और अदब की दुनिया में नया मुक़ाम बनाया।

उषा दी के लेखन में ज्ञान और संवेदना का अद्‌भुत सामंजस्य है। अपने लेखन में उन्होंने मानवीय सच को प्रमाण के तौर पर पेश किया। वह एक कठिन डगर पर चल पड़ीं, जहाँ पहले से कोई निशान नहीं था। अपने पैरों पर चलकर उन्होंने जो राह बनायी वह हर स्त्री की राह बन गयी। एक बार मैंने उनसे पूछा था, आप लिखती कब हैं?

उन्होंने हँसते हुए कहा, एक औरत को अपनी गृहस्थी के साथ लेखन के लिए समय निकालना आसान नहीं है। मैंने अपने लिए चार बजे भोर का समय चुना। सारे दिन कामकाज के बाद इतनी थकान होती थी कि लिखने के लिए वक़्त नहीं निकाल पाती थी। फिर हमने तय किया कि चार बजे सुबह मेरे लिखने का समय होगा। वह आदत आज तक बनी हुई है। हिन्दी और मैथिली में उन्होंने लगातार लिखा और अभी भी लिख रही हैं। *फागुन* के बाद,*सीमान्त कथा, रतनारे नयन, पानी पर लकीर, त्रिज्या* और *भामती* जैसे उपन्यास ने पाठकों के मन की भीतरी परत को कुरेदा है। उषा दी इतिहास की छात्र रही हैं, इसलिए इतिहास को स्त्री की नज़र से देखना, इतिहास में गुमनाम हुए उन पात्रों को जीवन्त करने की कला उनके पास है। उन्होंने मिथिला के बड़े दर्शनिक वाचस्पति मिश्र की पत्नी भामती पर उपन्यास लिखा। उपन्यास में स्त्री स्वर को बहुत ही सहज ढंग से उठाया गया है। उनकी ख़ासियत है कि स्त्री मुद्दे पर अपनी बात कहने के लिए न नारा लगाती हैं, न परचम लहराती हैं। पर जो कहती हैं उसमें सच्ची आग और तड़प होती है। उनके उपन्यास *भामती* से–'वाचस्पति काम में ऐसे लीन हुए कि उन्हें दीन–दुनिया की सुध ही नहीं रही। नवविवाहिता भामती इस दौरान उनकी सेवा करती रही। जब उनका लेखन सम्पन्न हुआ तो वाचस्पति ने देखा एक अधेड़ स्त्री दीप जला रही है। पूछा आप कौन? भामती ने उत्तर दिया मैं आपकी पत्नी हूँ।' उषा दी के लेखन की ख़ासियत यही है। उनके पात्र अपनी पीड़ा का जश्न नहीं मनाते, न ज्ञान बघारते हैं। सच को बिना किसी मिलावट के कहने की कला ने ही उन्हें अदब की दुनिया में बेहतरीन अफ़सानानिगार बनाया। बड़ी कथाकार से ज़्यादा वे एक बेहतर इन्सान हैं। यह बात मैं इसलिए कह पा रही हूँ कि उन्हें नज़दीक से जाना है, वर्षों से उन्हें साधना करते हुए देखा है। उषा दी कला के विभिन्न आयामों से जुड़ी रही हैं। लेखन के साथ–साथ उनकी दिलचस्पची रंगमंच में है। निर्माण कला मंच की स्थापना और रंगमंच में लगातार सक्रिय रहना कला के प्रति उनके गहरे लगाव को दर्शाता है।

हीरा डोम, सात भाई चम्पा, उगना रे मोर कतेए गेला समेत कई नाटक का लेखन किया। बतौर साहित्यकार, नाटककार और सामाजिक कार्यकर्ता के रूप में लगातार सक्रिय उषा दी के भीतर कई दुनिया है। वो दुनिया बेहद अपनी जानी–पहचानी है। उषा दी को मैंने उनके हर रूप में देखा है। उनका कमरा हम सबों की पसन्दीदा जगह है। जहाँ हम दुनिया भर के साहित्य से लेकर प्रेम प्रसंग और साहित्यकारों के छिछोरेपन तक की चर्चा करते हैं। कमरा काफ़ी खुला और हवादार है। घर का दूसरा हिस्सा जितना बेतरतीब रहता है उनका कमरा उतना ही सलीके से सजा हुआ। लकड़ी के मेज़ पर नीले बिल्लौरी गुलदान में कागज़ के फूल या कभी ताज़ा फूल। कोने के मेज़ पर किताबें ही किताबें। कई बार प्यार से रामचन्द्र खान को उलाहना देती हैं कि सारे कमरे में किताबें फैला कर रखते हैं इसलिए इस कमरे में मैं उन्हें आने नहीं देती। पहली बार जब मैं उनसे अख़बार के लिए साक्षात्कार लेने गयी तो उस समय मकान पर कुछ काम चल रहा था। वीरान बाग़ में ईंटों से लदे ट्रक खड़े थे। सीमेंट की बोरियों की गर्द उड़ रही थी। जर्द पत्ते गर्द के उस नाचते भँवर में चक्कर काटते जा रहे थे। हम बातें करते रहे। उनकी बातों में इतना रस था वक़्त का पता ही नहीं चला। बाहर चाँद निकल आया, कमरा चाँद की रौशनी से भर गया तो हमने विदा ली। ऐसी ही हैं उषा दी। मैं हमेशा उनके घर की चाय पीना पसन्द करती हूँ। ताज़े पत्ती की ख़ुशबू जो उनके घर की चाय में है वह कहीं नहीं। 'आयाम' के गठन के बाद हमारी बैठकें जमने लगी हैं। लिखने–पढ़ने वाली महिलाओं की टोली में साहित्य के रंग के अलावा जीवन के तमाम रंग शामिल रहते हैं। मुझे लगता है कुछ चीज़ें उन्हें विरासत में मिलीं। वह है यथास्थिति से विद्रोह। हम अन्दाज़ लगा सकते हैं कि आज़ादी के पहले जब स्त्रियों की दशा इतनी ख़राब थी उस समय उनकी माँ का विधवा विवाह हुआ। आज भी हमारे समाज में विधवा विवाह मुश्किल से होता है। हम कल्पना कर सकते हैं कि उस दौर में उनकी माँ, पिता और पूरे परिवार को क्या कुछ झेलना पड़ा होगा।

उषा दी को उदार परम्परा अपने घर से ही मिली। पिता गाँधीवादी थे। बचपन में ही राजनीति से जुड़े लोगों का घर आना–जाना था। बड़ा–सा आश्रम। सावन में झाँकियाँ निकलतीं। कीर्तनों की बड़ी धूम रहती। किसी दिन भगवान का फूलों से सिंगार होता, किसी दिन भगवती की पूजा होती। गाँव में बड़ी दूर–दूर से कीर्तनियाँ आते। गुलाब, चमेली और बेले के फूलों से घर महक उठता। कुँवारी लड़कियों का भोजन होता। मुहर्रम के दिनों ताजिया निकलता। पूरे गाँव की औरतें ताजिया को सजातीं, सँवारतीं। संस्कृति के विभिन्न रंगों के बीच उषा दी बड़ी हुईं। इसलिए उनके विचारों में भी और उनके लेखन में भी हमारे देश की संस्कृति और सभ्यता के विभिन्न रंगों का समावेश है। हमारी ज़िन्दगी में क़िस्से रंग भरते हैं। उषा दी के पास क़िस्सों की कमी नहीं है। उन्हें सुनाने की कला भी उनके पास है। कई बार उनकी कहानियाँ पढ़ते हुए लगता है कि क़िस्से की दुनिया की वो जादूगरनी हैं। क़िस्सों का पिटारा लेकर बैठ गयीं तो उसमें से हज़ार रंग झिलमिलाते रहते हैं। अनुभव व ज्ञान का ऐसा मेल कम दिखायी देता है, जो ज़िन्दगी की सोच और संवेदनाओं से लबरेज़ हो। घर सँभालती स्त्री, नाटक लिखती स्त्री, सामाजिक असमानता के ख़िलाफ़ स्त्री। कितने मोर्चे पर उन्हें देखा। कभी ख़ामोशी से साथ देते हुए कभी मुखर। शायद यही वजह रही होगी कि बाबा नागार्जुन की वो उतनी ही प्रिय थीं। नागार्जुन उनके पिता के मित्र थे। आज़ादी के आन्दोलन के दौरान जेल में दोनों की मुलाक़ात हुई और वे गहरे मित्र हुए। यह मित्रता पिता के गुज़र जाने के बाद भी कायम रही। उषा दी को वो अपनी सगी बेटी ही मानते थे। उनकी मुन्नी के भीतर कला की इतनी बड़ी दुनिया देखकर वे ख़ुद हैरान रहते थे। नामवर सिंह कहते हैं, नागार्जुन की काव्य भूमि विपुल है और विषम भी। विषम इतनी कि इस ऊँची–नीची भूमि में समतल की अभ्यस्त आँखें अक्सर धोखा खा जाती हैं। जो वस्तु औरों की संवेदना को अछूती छोड़ जाती है वही नागार्जुन के कवित्व की रचना भूमि थी। अक्खड़ और यायावर कवि अपनी मुन्नी

के लिए प्यार से लबालब भरे पिता थे, जो हमेशा आर्थिक परेशानियों से घिरे रहते थे। उषा दी की माँ बिना कुछ बताये उनकी मदद करती थीं। ज़िन्दगी इन सबसे मिलकर बनती है। उषा दी कहती हैं, पता नहीं कितने लोगों ने मिलकर सँवारा है मुझे। किन–किन धाराओं से बहते–बहते यहाँ तक पहुँची। स्त्री का जीवन ऐसा ही है। बहते–बहते ठहरने लगती है। आम तौर पर स्त्रियों के जीवन में धर्म की गहरी भूमिका रहती है। ऐसी स्त्री कम मिलती हैं जिन्हें धार्मिक कर्मकाण्ड पर भरोसा नहीं हो। धर्म की गहरी समझ है उनके भीतर। इसलिए वे उस पर हँस भी पाती हैं। एक दिन हम सब उनके पास बैठे थे। धर्म पर बहस चल रही थी। उन्होंने कहा, पता है कभी–कभी भगवान विष्णु की तस्वीर देखकर 'जिसमें वे नागशेष पर लेटे हुए हैं और लक्ष्मी जी उनका पाँव दबा रही हैं' मुझे ये ख़याल आता है कि अगर समुद्र में तैरती मछलियाँ देखकर नागशेष को भूख लग जाय और वे मछली खाने के लिए लपक पड़े तो विष्णु और लक्ष्मी जी का क्या होगा। हँसते–हँसते हमारे पेट में बल पड़ गये। मैं सोच रही थी कि कितना साहस है इस स्त्री में जो धर्म पर हँस सकती है और धर्म से गहरा अनुराग भी रखती है। जो स्त्री के जीवन में धर्म की भूमिका को जानती है और धर्म से परे मनुष्यता के पक्ष में खड़ी रहती है। शायद यही वजह है कि उनकी कहानियों में हमेशा वैसे पात्र होते हैं जो मनुष्यता के पक्ष में खड़े रहते हैं। उनकी कहानियों में आंचलिकता की खुशबू है। सुख–दुख, जय–पराजय का बयान ऐसा जैसे आप उस कथा के भीतर हों। उनकी कहानियों में एक सहज प्रभाव मिलता है, वे बोझिल नहीं होतीं। इस सहजता की ख़ास वजह है उषा दी का अपने कथा–अंचल से जुड़ा होना। वे अपने इर्द–गिर्द की घटनाओं की दर्शक नहीं हैं उसकी भागीदार हैं। लोक जीवन की धारा में गहरे तक डूबी हैं। उनकी कहानियों और उपन्यास में करुणा और प्रेम गुँथे हुए हैं। प्रेमकथा की परिणति करुणा में होती है। *भामती* उपन्यास में आधी उम्र पति की सेवा में बीत जाती है तब पति को ज्ञान होता है कि भामती उनकी पत्नी है। मानवीय संवेदनाओं की इतनी सूक्ष्म और सहज

अभिव्यक्ति उनकी कहानियों में है कि आप पढ़ेंगे तो डूब जायेंगे और जो डूबे सो पार। उषा दी को मैंने टुकड़े–टुकड़े में जाना है। वे बेहद ज़िन्दादिल और दिलेर औरत हैं। जीवन से लबालब भरी हुई। उनके सम्पूर्ण कला–अनुभव के हम सब हिस्सेदार हैं। उनको पढ़ते हुए उन पात्रों की आप हरारत महसूस कर सकते हैं। विविध रंगों और छवियों के साथ उनकी कहानियाँ हमारे दिलों में उतरती हैं और ग़ालिब की नज़्म की तरह वह दिल के आर–पार नहीं जातीं दिल में धँस जाती हैं।

न ख़ुदा ही मिला न विसाले सनम

पिछली रात देर तक नींद नहीं आयी। यादों ने मेरी पलकों से नींद चुरा ली। कमरे में एक म्लान–सा अँधेरा है। अँधेरे को टटोलते हुए यादें मेरे सिरहाने खड़ी हैं। वह हँस रही हैं, चिढ़ा रही हैं। कामरेड भागो नहीं दुनिया को बदलो। मैं बुदबुदा रही हूँ भागे नहीं थे हम। तो फिर क्या हुआ, उन सपनों का जिसके लिए तुम लोग मारे–मारे फिरते थे? उन दिनों यही लगता था कि हम दुनिया को बदल डालेंगे। उन सपनों पर यक़ीन भी था। अगर यक़ीन नहीं होता तो क्या हम दुस्साहस कर पाते। यादें तारीख़ के जंगलों से निकलकर मेरे क़रीब खड़ी हो गयीं।

मुझे ठीक–ठीक याद नहीं वह साल कौन–सा था। शायद '83 के आस–पास की घटना होगी। देश की सत्ता इन्दिरा गाँधी के हाथों में थी। सैद्धान्तिक मतभेदों के बावजूद इन्दिरा गाँधी को मैं निजी तौर पर पसन्द करती हूँ। दुनिया के इतिहास में ऐसी महिला प्रधानमन्त्री कम रही हैं जिन्होंने एक राजनीतिक हस्ती के रूप में अपनी गहरी छाप छोड़ी हो। इन्दिरा गाँधी ने हिन्दुस्तान पर 16 सालों तक राज किया। 1975 में आपात्काल लागू करने के फ़ैसले ने उनको सत्ता से बाहर कर दिया। 1977 के चुनाव में उन्हें गहरी हार का सामना करना पड़ा, 1980 में भारी बहुमत के साथ उनकी वापसी हुई।

वो गर्मी की एक सुबह थी। जब इन्दिरा गाँधी ने गाँधी मैदान से अपनी विशाल सभा को सम्बोधित किया था। धरती का एक विशाल कोना जिसके सीने में जाने कितने इतिहास दफ़न हैं।

हम सुबह ही पहुँच गये थे। रात के ओस से अभी तक ज़मीन गीली थी और आसमान साफ़। नरम और करीने से कटे दूब के बीच लाल और पीले अमलतास के गाछ। प्रकृति अपनी तमाम क़ायनात को समेट बैठी थी। मैं सोच रही थी कि इतिहास सिर्फ़ राजा–महाराजाओं का इतिहास नहीं होता, इतिहास उनका भी होता है जो दुनिया को बदलने में यक़ीन रखते हैं। हमारे टीचर कहते थे इतिहास तब तक समझ में नहीं आयेगा जब तक फ़लसफ़ा न पढ़ो... हम फ़लसफ़ा समझने की कोशिश कर रहे थे कि शीरीं ने आवाज़ दी। कहा, अभी चलो मीटिंग है। अभी! अचानक! क्या हुआ? कल इन्दिरा गाँधी आ रही हैं। साथियों ने तय किया है कि उन्हें काला झण्डा दिखाया जाय। मैं सकते में आ गयी। क्या कह रही हो? दिमाग़ ख़राब हुआ है! यह कोई बच्चों का खेल है! यह कब फ़ैसला हुआ? उसने कहा–अभी फ़ैसला नहीं हुआ है। उसी के लिए मीटिंग बुलायी गयी है। चलो...

उन दिनों एआईएसएफ का दफ़्तर लंगर टोली में था। दो मंज़िले मकान के ऊपर। कमरे में एक टेबुल और सात–आठ कुर्सियाँ लगी हैं। सामने खुरदरी दीवार पर भगत सिंह का पोस्टर लगा हुआ है। पोस्टर काफ़ी पुराना है। कमरा किसी ठहरे हुए जहाज़ की तरह है। हम सब बैठ गये। कुछ ही देर बाद हमारे सचिव आ गये। –लाल सलाम कॉमरेड। लाल सलाम। सबने एक–दूसरे का हाथ उठाकर अभिवादन किया। आप सबों को एक महत्त्वपूर्ण विषय पर बात करने के लिए बुलाया गया है। यह कहकर उन्होंने हम सबों की ओर देखा। जब उन्हें इत्मीनान हो गया कि उनकी बातों को सब गम्भीरता से सुन रहे हैं तो उन्होंने अपनी बात शुरू की। कहा–इन्दिरा गाँधी पटना आ रही हैं। मेरी राय है कि हमें उनका विरोध करना चाहिए। पिछले दिनों देश के जो राजनीतिक हालात रहे हैं आप सब जानते हैं। आप ये भी जानते हैं कि हमारी शिक्षा की क्या स्थिति है। नयी शिक्षा नीति को हम लोगों पर थोपने की कोशिशें हो रही हैं। इतनी बेरोज़गारी बढ़ रही है। ये ऐसी शिक्षा नीति है जो असमानता और

ग़ैर–बराबरी को बढ़ावा देगी। अगर इसका ज़ोरदार विरोध नहीं हुआ तो आने वाले दिन इससे भी बुरे होंगे। मेरा प्रस्ताव है कि हम इन्दिरा गाँधी का पुरज़ोर विरोध करें।

इस प्रस्ताव पर लगभग चार घण्टे तक बहस हुई। सवाल खड़े किये गये कि इन्दिरा गाँधी के विरोध का आधार क्या है?

कॉमरेड ने बहुत साफ़–साफ़ और सधी हुई आवाज़ में कहा–*साथी आज हम संकटों से जूझ रहे हैं। हम सब एक बेहतर दुनिया के लिए लड़ रहे हैं। इसलिए यह जानना ज़रुरी है कि देश की सत्ता आम आदमी के प्रति कितनी जवाबदेह है? ऐसे वक़्त में मुझे चार्ली चैप्लिन की फ़िल्म 'द ग्रेट डिक्टेटर' की हमेशा याद आती है। जिस फ़िल्म के अन्तिम संवाद में उन्होंने कहा था–हम एक ऐसी दुनिया के लिए लड़ें, जहाँ विज्ञान और उन्नति हम सब के लिए ख़ुशियाँ लेकर आये। पर ये उन्नति हमारे लिए नहीं है। वे धोखेबाज़ हैं। झूठे हैं। अपना वादा पूरा नहीं करते। मैं पूछता हूँ एक राजनीतिक पार्टी के तौर पर कांग्रेस ने देश की जनता को क्या दिया? महँगाई, बेरोज़गारी, भ्रष्टाचार, ग़लत नीतियाँ, भाई–भतीजावाद! क्या पूँजीवाद व सामन्तवाद के संरक्षण का काम कांग्रेस नहीं कर रही है?*

यह ज़बरदस्त भाषण था जिसका असर हुआ। कॉमरेड की बातों से सब सहमत दिखे। आख़िर तय हुआ कि गाँधी मैदान में आयोजित उनकी आम सभा का बहिष्कार किया जाय। गुप्त योजनाएँ बनीं। मुझे सुबह 6 बजे एआईएसएफ के दफ़्तर पहुँचने को कहा गया साथ ही ताकीद की गयी कि किसी को कानोंकान ख़बर नहीं हो।

6 बजे कॉलेज की बस आती थी। हम मुँह अँधेरे बस स्टॉप पर पहुँच गये। अभी वहाँ खड़े ही हुए थे कि देखा माँ घबराई सी भागती आ रही है। घबराहट में वह नंगे पाँव दौड़ते चली आयी। दरअसल हमारी योजनाओं का पता मेरे छोटे भाई प्रियरंजन को लग गया था। उन दिनों वह नया–नया छात्र संगठन से जुड़ा था। उसने माँ को ख़बर कर दी कि हम लोग आज इन्दिरा गाँधी का विरोध करेंगे। मैंने किसी तरह माँ को विश्वास में लिया।

उसे यक़ीन दिलाया कि हम ये सब नहीं करेंगे। मैं समय से आधे घण्टे देर से पहुँची। सभी साथी मेरी राह देख रहे थे। इन्दिरा गाँधी की सभा पटना के गाँधी मैदान में थी। गाँधी मैदान में सुरक्षा के पुख्ता इन्तज़ाम थे। यह तय हुआ कि पहले मैदान का जायज़ा ले लिया जाय। मुझे, शीरीं और नूतन को मंच के पास अगली क़तार में जाकर बैठने का ज़िम्मा मिला था। योजना बनी कि जैसे ही इन्दिरा गाँधी सम्बोधित करेंगी हम लड़कियाँ काला झण्डा उन्हें दिखायेंगी। लड़कों को कहा गया कि वे गैस वाले बैलून में काला रिबन लगायेंगे। हमारे झण्डा लहराने पर लड़के सारे बैलून को आकाश में छोड़ देंगे। हमारा कोड वर्ड था भाइयो और बहनो! मेरे पास उन दिनों एक लाल रंग का बैग था। हमें ख़ूब सारा पर्चा दिया गया। मेरे ज़िम्मे था इन्दिरा गाँधी को भरी सभा में काला झण्डा दिखलाना। शीरीं के ज़िम्मे पर्चा बाँटना। नूतन को यह कहा गया कि अगर हम दोनों गिरफ़्तार हो गये तो साथियों को इसकी सूचना देना। हम तीनों में नूतन सबसे छोटी थी। मैंने नूतन को देखा। उसके चेहरे पर हल्की घबराहट थी। लम्बा फ्रॉक सर से लटकती दो लम्बी चोटी। जिसे वह बार–बार सहला रही थी। उसकी कैफ़ियत बयान नहीं की जा सकती। शीरीं बड़ी दिलेर लड़की थी। मैंने उसे कभी घबराते हुए नहीं देखा। हम तीनों अगली क़तार में जाकर बैठ गये। यह जगह वीआईपी के लिए थी। हम लोगों को पुलिस ने यह सोच कर नहीं रोका कि शायद हम कांग्रेस नेता के परिवार से हैं।

पहली बार मैं इतने नज़दीक से इन्दिरा गाँधी को देख रही थी। एक ऐसा सौन्दर्य जिसमें भव्यता भी है और सादगी भी। सामने मंच पर बहुत बड़ी मेज़ थी जिसके इर्द–गिर्द मख़मल की, ऊँची पीठ वाली कुर्सियाँ लगी थीं। एक गहरे लाल मख़मल का शाही क़िस्म का दीवान और एक तरफ़ काली चमकती हुई लकड़ी के मेज़ पर कई माइक लगे थे। मैं देखती रह गयी। वो सधे क़दमों से माइक तक पहुँचीं। हाथ हिलाकर अभिवादन किया। इन्दिरा गाँधी ज़िन्दाबाद के नारे से गाँधी मैदान गूँज उठा। पूरी भव्यता समेटे हुए उन्होंने सर

पर आँचल को सँभाला। मैंने अपने अन्दर की औरत को जी भर के देखा। ये जो सामने खड़ी है वह भी तो हम सबों जैसी है। उसका रूप इतना भरा–पूरा था कि मैं भूल गयी कि यहाँ क्यों आयी हूँ। जब ख़याल आया तो मेरे पाँव जम गये। दिल की धड़कन तेज़ हो गयी। जैसे ही उन्होंने कहा भाइयो और बहनो कि मैंने बैग से काला झण्डा निकाला और लहरा दिया। इसके पहले कि लोग समझ पाते शीरीं ने पर्चा बाँटना शुरू कर दिया। सभा में अफरा–तफरी मच गयी। मैं अपनी पूरी ताक़त से चीख़ी–इन्दिरा गाँधी वापस जाओ! इन्दिरा गाँधी मुर्दाबाद! मुझे होश तब आया जब चारों ओर से महिला पुलिस ने मुझे दबोच लिया। मेरी चोटी पकड़ कर वे खींचते हुए बाहर ले आयीं। दर्द से मेरा चेहरा लाल हो गया। कमर तक फैले हुए मेरे काले–घने बाल मेरी मुसीबत बन गये। मैंने कहा, मेरे बाल छोड़िए। एक हट्‌टी–कट्‌टी महिला पुलिस ने मेरी कमर पर ज़ोर से एक डण्डा जमाया और कहा, साली की हिम्मत देखो। और उसे जितनी मादा गालियाँ आती थीं उसने चुन–चुन कर दीं। मैं सोच रही थी सत्ता सत्ता होती है। औरत और मर्द नहीं।

हम सबों को गिरफ़्तार कर लिया गया। मुझे सबसे ज़्यादा चिन्ता माँ की थी। कल होकर जब अख़बारों में ख़बर आयेगी तो वह क्या करेगी। थाने से मेरे पिता के पास फ़ोन गया। पापा के शब्द आज भी मेरे कानों में गूँजते हैं। उन्होंने कहा कि आपका क़ानून जो कहता है कीजिए। मेरी बेटी जानती है कि उसे क्या करना है। उन्होंने पुलिस से कोई पैरवी नहीं की। मुझे छुड़ाने अपूर्व आये थे। पुलिस वाला बाँछे खिलाये बैठा था। उसने मेरा लाल रंग का बैग क़ब्ज़े में कर लिया था। जिसमें मेरे कुछ नोट्‌स बुक पड़े हुए थे। उसने कापियाँ उलट–पुलट कर देखीं जैसे सुराग़ तलाश रहा हो। मेरी दोनों कापियाँ ले लीं और पूछा ये क्या है? अपूर्व ने कहा ये नोट्‌स बुक हैं। *निसार मैं तेरी गलियों के ऐ वतन के जहाँ/चली है रस्म के ...कोई सर उठा के चले...* फ़ैज़ के नज़्म झिलमिला रहे थे मेरे पन्नों पर। उसने ताकीद के साथ मेरा बैग लौटा दिया।

हम सबों के जीवन में ऐसी कई घटनाएँ घटीं जिन्होंने हमारे अनुभवों का विस्तार किया। यादें चाहे जितनी यातनापूर्ण हों, हैं तो वह हमारे जीवन का हिस्सा। हम बार–बार लौटते हैं उन्हीं स्थानों पर जिसे किसी अनजाने क्षण में हमने छोड़ दिया था।

यूनिवर्सिटी खुली और पढ़ाई तेज़ी से शुरू हो गयी। क्लास में लेक्चर होते थे। लेक्चर के बाद हम और शीरीं ट्यूटोरियल क्लास में साथ होते। मगध महिला से लेकर साइंस कॉलेज तक छात्रों के बीच काम करने का ज़िम्मा हम लोगों का था। हम सबों का ज़्यादा समय सड़क पर ही बीतता। कॉलेज में सामने गंगा बहती। चैत के माह में बड़ा भारी मेला लगता। मेले की बड़ी वजह थी काली मन्दिर। यह मन्दिर कई वजहों से लोकप्रिय था। जब सब मन्दिर में कामना करते होते मैं और शीरीं गंगा के किनारे बैठे रहते। शीरीं पूछती तुमने बनारस की सुबह और अवध की शाम देखी है? हमारी गंगा में तो दोनों दृश्य देख सकते हैं।

शीरीं में साहित्य की गहरी समझ थी। यह उसे विरासत में मिली थी। उसके पिता जिन्हें हम आलम चाचा कहते थे साहित्य उनके जीवन में रचा–बसा था। उनके घर पर अक्सर महफ़िल जमती। उनको देखकर लगता कि मैं जीवित इतिहास के साथ हूँ। जिनकी पूरी ज़िन्दगी कम्युनिस्ट पार्टी के लिए थी। जो अब तक कई बार जेल जा चुके थे। कई बार बिना खाये–पिये लगातार काम करते रहते। अक्सर बहस में वे बताते वर्ग संघर्ष क्या है? पूँजीवाद क्या है? वे इस बात पर यक़ीन करते कि सर्वहारा की जीत निश्चित होगी।

उन दिनों जब लड़कियों का घर से निकलना ही बड़ी बात थी, शीरीं को पूरी आज़ादी थी। उतनी ही आज़ादी जितना मनुष्य होने के नाते एक मनुष्य को मिलनी चाहिए। शीरीं बुरका नहीं पहनती थी न ही अल्लाह पर उसका एतबार था। पर वाम आन्दोलन के प्रति उसकी गहरी आस्था थी।

उन दिनों कम्युनिस्ट पार्टी के होलटाइमर को इतने कम पैसे मिलते थे कि उससे परिवार चलाना और बच्चों की पढ़ाई का ख़र्चा

उठाना मुश्किल था। पार्टी होलटाइमर के बच्चे रूस जाकर पढ़ सकते थे। यह सुविधा वैसे कॉमरेड के परिवार के लिए थी जो होलटाइमर थे। मुझे याद है मास्को जाने के फ़ैसले के बाद शीरीं बहुत उखड़ी–उखड़ी रहने लगी थी। जाने के एक दिन पहले हम मिले थे। वह पूरे समय रोती रही थी। उसके भीतर भयानक तूफ़ान मचा था। वह जानती थी कि एक दूसरे देश में उसके आँसू देखकर संजीदा और पशेमान होने वाला कोई नहीं होगा। पर वही देश था जो बाद में शीरीं के दिल में बस गया।

मास्को जाने के बाद भी उसकी लम्बी–लम्बी चिट्ठियाँ आतीं। जिसमें देश के राजनीतिक हालात और वाम संगठनों को लेकर गहरी चिन्ता रहती। मास्को में रहते हुए उसके कुछ अच्छे दोस्त बने जिसमें सुनन्दा उसके दिल के सबसे क़रीब थी। उसकी हर चिट्ठियों में उसका ज़िक्र होता। प्यार से लबरेज़ उसके ख़त आते...

मेरी प्यारी निवेदिता,

तुम्हें इस बात का अन्दाज़ नहीं होगा कि मैं तुम्हारे ख़तों का कितनी बेताबी से इन्तज़ार करती हूँ। मास्को एक ख़ूबसूरत शहर है। वोल्गा नदी के किनारे। यहाँ के लोगों का अकीदा है कि अगर वोल्गा नदी में अपनी दोस्ती के नाम पर ताला लगाकर चाभी को फेंक दो तो पूरी ज़िन्दगी एक–दूसरे के साथ गुज़रेगी। जाने कितने जोड़ों के रिश्ते की चाभी वोल्गा नदी के पास है। कई बार मन में आया मैं भी तुम्हारे नाम की चाभी नदी में प्रवाहित कर दूँ पर लगा यार तुमसे अलग जायेंगे कहाँ। हमारी दोस्ती का तो खूँटा बँध गया है। तुम्हें पता है मेरे कॉलेज से एक सीधी सड़क जाती है रेडस्क्वायर तक। जहाँ लेनिन चिर निद्रा में सोये हुए हैं। मैं उन्हें देखने गयी थी। देखकर मेरे बदन में झुरझुरी–सी आने लगी। तुम सोच कर देखो जिन्हें हम क़िस्से–कहानियों में सुनते थे। उस आदमी को साबुत देखना। वह इतिहास का ऐसा अंश है जिसे देखकर क्रान्ति में यक़ीन होने लगता है। जैसे हर क्रान्ति में अगली क्रान्ति का बीज छिपा हो। तुम्हें पता है सर्दियों में यह शहर बर्फ़ीले पेड़ से भर जाता है।

सामने वोल्गा बहती रहती है। अक्सर मैं वोल्गा की तारीक़ लहरों को देखती रहती हूँ। रात गहरी हो गयी है। वोल्गा धीमे–धीमे बह रही है। तुम होतीं तो इस देश की ख़ूबसूरती में खो जातीं। मुझे वो गीत याद आ रहा है जो अक्सर तुम सुनाया करती थीं। 'रात अँधेरी है और बादल गहरे, तुम ऐसी रात में किस तरह आओगे'। बस आज यहीं तक। अब नींद आ रही है।

तुम्हारी
शीरीं

मेरे पास अब शीरीं के ख़त ही रह गये हैं। वर्षों से हम नहीं मिले हैं। या यूँ कहूँ कि उसने अपने अतीत का सारा हिस्सा ख़ुद से अलग कर दिया। पर हम अलग हुए कहाँ? ज़िन्दगी आगे बढ़ती हुई ख़ाली जगह छोड़ती जाती है। जिसमें गुज़री हुई घटनाएँ अपना घर बनाती जाती हैं। समय के चेहरे पर स्मृति की पुरानी छाया उतर आयी। मेरे गले की आवाज़ गीली है होंठों पर जो लफ़्ज़ हैं सूखे नहीं। कितना कुछ है यादों में जो मेह की तरह बरस रहा है।

ऐसे ही अवसन्न सूनी दोपहर थी, जब हम सुनन्दा से पहली बार मिले। सुनहले पीले रंगों के कपड़े में एक लड़की सालों बाद इस तरह मिलेगी यह कभी सोचा नहीं था। कभी–कभी अतीत अचानक से आपके सामने आ खड़ा होता है और आप हैरान हो जाते हैं। जैसे कोई पुराना सपना धीरे–धीरे क़दमों से आपके पास आ गया हो।

देखते ही वह पहचान गयी। उसने पूछा तुम पटना वाली निवेदिता हो? मैंने सर हिलाया। वह मेरे गले से लिपट गयी। मैं सुनन्दा। शीरीं वाली सुनन्दा। वह चिल्लाई हाँ। हम घण्टों शीरीं के बारे में बातें करते रहे। जंग लगी पुरानी यादों को खुरच–खुरच कर ताज़ा करते रहे। उसने पूछा शीरीं की कोई ख़बर? नहीं यार। अन्तिम बार चाचा के रहते मिले थे। फिर उसका परिवार दिल्ली चला गया। उड़ते–उड़ते ख़बर आयी कि उसने शादी कर ली है। हममें से उसने किसी को ख़बर नहीं की। मुझे भी नहीं। अच्छा वह बच कर जायेगी कहाँ? हम उसे तलाश लेंगे। हमारी बातें ख़त्म नहीं हो रही थीं।

ज़िन्दगी के बीते पन्ने पलटते जा रहे थे। स्मृति पुराने नोट्स बुक की तरह है जिसके सफ़े पर आँखें अटक जाती हैं।

सालों बाद जब अपने बीते दिनों को सहेजने बैठी हूँ तो लगता है बहुत कुछ है जिसे साझा किया जाना चाहिए। वाम आन्दोलन ने सिर्फ़ विचार ही नहीं दिये बहुत सारे दोस्त भी दिये। वही पूँजी हमारे पास बची हुई है। हम बहस करते, लड़ते–झगड़ते पर विचारों के लिए हमेशा जगह बनी रहती। दोस्तों की मण्डली में शैलेन्द्र के पास जंगल के गहरे अनुभव थे। वह आदिवासियों के बीच्र काम करता था। झारखण्ड उन दिनों बिहार का ही हिस्सा था। अपूर्व अक्सर राजनीति पर बातें करते। श्रीकान्त और विनोद नाटक और इप्टा की बातों में रमे रहते। दिलीप गाने की धुन बनाने में लगा रहता। चन्द्रशेखर को राजनीति में जितनी दिलचस्पी थी उतनी ही रंगकर्म में। उसे लड़कियों की बात करने में भी मज़ा आता था। शीरीं हमेशा गम्भीर बनी रहती। रश्मि के पास इप्टा के अलावा भी ढेर सारे मज़ेदार क़िस्से होते। वह उन दिनों पटना इंजीनियरिंग कॉलेज में पढ़ती थी। हम चटखरे ले–ले कर कॉलेज की प्रेम–कथाओं को सुनते। और अपने प्रेम की गाथाओं को भी महिमामण्डित करते। नासिर जो हम सबों में छोटा था हमारी बातें रस ले–ले कर सुना करता। अफंशा पूर्वा और नासिर जिसे हम कब्बू कहते हैं उनकी आपस में ख़ूब छनती थी। नासिर उन लोगों में से है जिसने अपनी मेहनत से जीवन के रास्ते तय किये। एआईएसएफ में रहते हुए उसने संगठन के लिए जमकर काम किया। यह वही समय था जब नौजवानों का कम्युनिस्ट आन्दोलन से मोह भंग होने लगा था। संगठन में गुटबाज़ी, अराजकता और वैचारिक संकट गहराने लगे थे।

पटना कॉलेज में एआईएसएफ का सम्मेलन था। सम्मेलन में नयी कमिटी का गठन होना था। पदाधिकारियों का चयन होना था। हम लोगों ने जो पैनल तय किया था उसे सर्वसम्मति से पास करना चाह रहे थे। पर दूसरे ग्रुप को मौजूदा लीडरशिप का पैनल स्वीकार नहीं था। जमकर बहस हुई। हो–हंगामा होने लगा।

कोई किसी की बात नहीं सुनना चाह रहा था। दोनों ग्रुप में मार–पीट की नौबत आ गयी। दूसरे ग्रुप ने सम्मेलन का बहिष्कार कर दिया। उनके विरोध के बावजूद मौजूदा लीडरशिप ने अपनी सूची पर मुहर लगायी। एआईएसएफ उसके बाद वर्षों तक दो खेमों में बँटा रहा। हालात ये थे कि लोग एक–दूसरे पर निजी स्तर पर वार करने लगे। उसकी प्रतिक्रिया में दूसरा खेमा खड़ा हुआ। अगर आप पार्टी लाइन से सहमत नहीं हैं तो संशोधनवादी या प्रतिक्रियावादी तक करार दिये जाते थे। वैचारिक टकराव के कारण सिरफुटौवल की नौबत आ जाती। लोग सीआईए के एजेंट तक घोषित किये जाते।

इन्हीं दिनों हम राणा से मिले। राणा बनर्जी से। लम्बा–साँवला चश्मे के भीतर झाँकतीं बड़ी–बड़ी आँखें। पहली बार उसे नुक्कड़ पर गाते सुना–*ओ गंगा तुमी बो, छे केनो*। उसकी आवाज़ ऐसी थी जैसे शाम के आसमान पर सुलगते हुए सितारे। आम तौर पर वह जन गीत ही गाता था। वह गाता हमारे बदन के रोंये सिहर जाते। जैसे सागर के रेतीले साहिलों पर आबसार झर रहे हों। कभी–कभी हम लोग उससे फ़रमाइश करते–यार कुछ दूसरे गीत भी सुनाओ। हमेशा क्रान्ति ही करते रहते हो। वह हँसता और कहता लो सुनो–*पागला हवा पागोल दीने पागल आमार मॉन नेचे उठे*...हमारा मन भी नाच उठता।

इप्टा अगर हमारा काबा था तो एआईएसएफ काशी। हमारा एक पाँव इप्टा में तो एक पाँव एआईएसएफ में। उन्हीं दिनों इप्टा का सम्मेलन हैदराबाद में तय हुआ। पटना से हम सबों का जाना तय हुआ। जाने के लिए पैसे जुटाये गये। चन्दा माँगने का सबसे कारगर तरीक़ा था कि रंगकर्मियों की टोली गाते–बजाते सड़कों पर निकल जाती। ढोल, हारमोनियम, खँजड़ी और कुछ सुर वाले गायकों के साथ हम जैसे कुछ बेसुरे भी साथ देते। दिनभर सड़कों पर चन्दा माँगते और शाम को नाटक का रिहर्सल। कुछ लोग थे जो दिल खोलकर चन्दा देते। उसमें डॉ. ए.के. सेन, ब्रजकिशोर प्रसाद, हरि अनुग्रह नारायण और मेरे पिता भी शामिल थे। जबकि पापा के पास हमेशा पैसों की कमी रहती। कई बार घर चलाने के लिए पैसे

नहीं होते पर संगठन के लिए हमेशा उनका द्वार खुला रहता। इप्टा के सम्मेलन में हैदराबाद के लिए पटना से बड़ी टीम का जाना तय हुआ। जिसमें लड़कियों की अच्छी संख्या थी। तनवीर अख़्तर इप्टा के सचिव थे। उनकी मेहनत और लगन ने इप्टा को पुनर्जीवित किया था। संगठन में अनुशासन को काफ़ी महत्त्व दिया जाता था। पर अनुशासन का सबसे बड़ा मसला लड़के और लड़कियों को लेकर ही रहता था। यह स्वाभाविक था कि जहाँ आग होगी वहाँ धुआँ होगा ही। इस कड़े अनुशासन के बावजूद प्रेम हिलोरें मारता। अपने लिए रास्ता खोज निकालता। जाने कितने दिल जुड़े और टूटे। प्रेम की नाकामियों और प्रेम की गाड़ी चल निकलने के हज़ारों क़िस्से हैं।

हमारी गाड़ी प्लेटफ़ॉर्म पर लग गयी थी। उन दिनों लड़कियों के लिए विशेष कूपा हुआ करता था जिसे लेडीज़ कूपा कहते थे। हम लोगों के लिए वही कूपा रिज़र्व कराया गया था। पुष्पा दी हमारे टीम की लीडर थीं। इप्टा से लम्बे समय से जुड़ी हुई थीं। इप्टा के गायन मण्डली की सशक्त आवाज़। उनको देखकर मशहूर अदाकारा बैजयन्ती माला की याद आती थी। उन्हें इस बात का एहसास था। उनको लेकर हम सबों के मन में उत्सुकता बनी रहती। पुष्पा दी बिहार के जानेमाने लॉयर ब्रजकिशोर प्रसाद की बेटी हैं। ब्रजकिशोर प्रसाद कम्युनिस्ट आन्दोलन से जुड़े थे। उनका पूरा परिवार कम्युनिस्ट आन्दोलन के लिए समर्पित था। उनकी बेटियाँ इप्टा में सक्रिय थीं। पुष्पा दी के निजी जीवन को लेकर लोगों की दिलचस्पी बनी रहती थी। हमारे समाज में महिलाएँ अगर ज़िन्दगी का रास्ता अकेले तय कर रही हों तो उस पर सबकी निगाह रहती है। हम लोगों को पता था कि पुष्पा दी की शादी हुई थी जो चल नहीं पायी और वे अलग हो गये। ट्रेन की लम्बी यात्रा से एक फ़ायदा हुआ कि हम एक–दूसरे के ज़्यादा क़रीब आये। हमने जीवन के उन अनुभवों को साझा किया जिसे शायद आम दिनों में बाँटना सम्भव नहीं था। पुष्पा दी से उसी यात्रा में अन्तरंग होने का मौक़ा मिला। उन्होंने अपने मन को खोल कर रख दिया।

पहली बार हम जान पाये कि हमेशा ख़ुश दिखने वाली पुष्पा दी अपने निजी जीवन में कितनी अकेली हैं। हम लड़कियाँ अपने–अपने क़िस्से में मशगूल थीं कि मुझे लड़कों ने आवाज़ दी। श्रीकान्त, विनोद, अपूर्वानन्द, परवेज़ अख़्तर, जावेद समेत सभी बगल के डिब्बे में मजमा लगाये बैठे थे। गीत–संगीत का दौर जारी था। ये भी ज़्यादती थी कि साथ सफ़र कर रहे हैं पर अलग–अलग। उन लोगों का भी मन हम सबों के बिना नहीं लग रहा था।

हम वहाँ पहुँचे ही थे कि तनवीर अख़्तर आ गये। वे उन दिनों इप्टा के सचिव थे। उन्होंने मुझे देखते ही कहा आप यहाँ क्या कर रही हैं? कुछ नहीं, इन लोगों से गप कर रहे हैं। नहीं आप उठिए, जाइए यहाँ से। यहाँ आने की आप लोगों को इजाज़त नहीं है। मुझे धक्का लगा। आँखें भर आयीं। पर किसी साथी में साहस नहीं था कि वे तनु भैया का विरोध कर पाते। मैं आँखें पोंछते हुए वापस लेडीज़ कूपे में चली गयी। हम सब लड़कियों ने तय किया कि अब हम इस कूपे से बाहर ही नहीं निकलेंगे।

बराबरी, समानता और वैचारिक आज़ादी के पक्ष में काम करने वाले संगठनों की पहली चुनौती थी अपने भीतर बदलाव लाना। वे ख़ुद अभी इसके लिए तैयार नहीं थे। स्त्री–पुरुषों के सम्बन्धों को लेकर हमारा नज़रिया तंग था। साथियों के भीतर सामन्तवाद के अवशेष बचे हुए थे। सारे रास्ते लड़कियाँ ख़ुद में मशगूल रहीं। लड़कों से परदेदारी की। तय किया कि हम लोग उनका बहिष्कार जारी रखेंगे। गाड़ी रुकी। स्टेशन पर कुछ साथी तख़्ती हाथ में लिए स्वागत के लिए खड़े थे। हम एक कोने में खड़े हो गये। श्रीकान्त पास आये। उसने कहा, तुम नाराज़ क्यों हो? हम लोगों ने तो कुछ नहीं कहा। यूँ भी यह नाराज़गी ज़्यादा देर टिकने वाली नहीं थी। दोस्तों के बिना कोई महफ़िल सजती कहाँ है? देश भर से इप्टा के कलाकार आये थे। पहली बार मैंने वहीं भूपेन हजारिका को देखा था। श्याम बेनेगल ने सम्मेलन का उद्‌घाटन किया था। उस समय के मशहूर अभिनेता फारुख शेख़ भी सम्मेलन में आये थे। वह इस क़दर ख़ूबसूरत थे कि हम सब देखते ही रह गये। कमबख़्त की क़यामत

की आँखें थीं और काले ख़ूबसूरत बाल। रंग इतना गोरा कि अगर छू दो तो मैले हो जायें। उनको देखकर हम लड़कियों का दिल धड़कने लगा। हम फारुख़ की ओर बढ़े। हम लोग आपसे मिलना चाहते हैं! क्यों नहीं! कहाँ से हैं आप लोग? जी बिहार इप्टा से। ओह! अच्छी बात है आप लोगों से मिलकर ख़ुशी हुई। फिर वे मंच पर जाकर बैठ गये। पूरा मैदान रौशनियों से नहाया हुआ था। लोग मैदान में अपनी जगह ले रहे थे। मंच पर अदाकार, उर्दू के शायर और गायन मण्डली की टीम थी। पहला गाना बिहार इप्टा का था। पुष्पा दी ने कमान सँभाली। *हम सब हिन्दी हैं अपनी मंज़िल एक है। ओ हो हो एक है...*

दरअसल हम लोगों को स्टेज पर पहुँचने में देर हुई। हुआ यूँ कि हम जहाँ ठहरे थे वहाँ से लगभग 4 किलोमीटर दूर एक खुले मैदान में मंच बनाया गया था। सभी लड़कियों को एक ऑटो पर बिठा दिया गया। ऑटो चालक को रास्ता बता दिया गया। हैदराबाद की लम्बी सड़कों का आनन्द लेते हुए हम लोग मस्ती में चले जा रहे थे। काफ़ी देर तक जब हम लोग चलते रहे तब चिन्ता हुई कि अब तक वह जगह क्यों नहीं आयी है। हम लोगों ने ऑटो चालक से पूछना शुरू किया तो वह कुछ बता नहीं पा रहा था। वह न तो अंग्रेज़ी समझता था न हिन्दी। तब तक काफ़ी अँधेरा हो चुका था। लड़कियाँ घबराने लगीं। रास्ता अँधेरा था और सड़क पर ख़ामोशी पसरी हुई थी। हम लोग जितना पूछते वह ऑटो चालक अपनी स्पीड बढ़ा देता। न वह हमारी भाषा समझ रहा था न हम उसे कुछ समझा पा रहे थे। सभी लड़कियों के चेहरे के रंग उतर गये। कुछ तो घबराहट के मारे रोने लगीं। मुझे समझ नहीं आ रहा था कि क्या करें। दूर–दूर तक कोई बस्ती नहीं थी। सुनसान सड़क पर सिर्फ़ ऑटो की आवाज़।

मैंने किसी तरह उसे रोका और इशारे में समझाया कि वह ग़लत जा रहा है। पता नहीं क्या समझा उसने टैम्पो दूसरी दिशा की ओर मोड़ा। काफ़ी जद्दोजहद के बाद हम कार्यक्रम स्थल पर पहुँचे। हम लोग पहुँचे तो वहाँ मातम छाया हुआ था। हमारे साथी कह रहे थे कि जब तक हमारी लड़कियाँ वापस नहीं आतीं हम

कोई कार्यक्रम नहीं होने देंगे। नौबत पुलिस में रिपोर्ट लिखवाने की आ गयी थी। हम सबों को देखकर सबके चेहरे खिल गये। पर ऑटो वाले की शामत आ गयी। लड़कों ने उसे पीटना शुरू किया। किसी तरह उसको वहाँ से हटाया गया। बाद में पता चला कि उसने समझा ही नहीं कि हमें कहाँ जाना है।

ज़िन्दगी के अनुभव सिर्फ़ रसीले नहीं होते। दुख–सुख के अनुभवों से ही जीवन पूर्ण होता है। इसकी ख़ूबसूरती उसी में है। मैं वहाँ से दो चीज़ें लेकर आयी। हैदराबाद का मोती। दूसरा श्याम बेनेगल के हाथों से लिखा एक काग़ज़ का पुर्जा। जिस पर उन्होंने लिखा–प्यारी निवेदिता के लिए।

ये भूली हुई यादें हैं जिन पर वक़्त की गर्द की गहरी पर्त जम गयी थी, अब उन्हें एक–एक कर के याद कर रही हूँ। कहानियाँ अलग–अलग हैं, मगर दिल में धँसा तीर अभी तक निकला नहीं है। रात तारों भरी है, जिसके बीच चाँद पसरा हुआ है।

मुहब्बत और क्रान्ति के दिन

दरवाज़े पर दस्तक हुई। मैं अनमनी–सी उठी। मुझे गुस्सा आ रहा था कि सुबह–सुबह कौन आ धमका। नींद से जागना पड़ा। दरवाज़ा खोला तो सामने एक नौजवान खड़ा था। मुझे देखकर बड़ी उदासी से मुस्कुराया। गोया मेरी ख़ाबीदा आँखों में तैरते नींद को देखकर मेरे जाग जाने का उसे दुख हो। उसके बालों के अन्दाज़ में उस ज़माने के मशहूर हीरो राजेश खन्ना की हल्की सी झलक थी। जिसने एक लम्हे के लिए मुझे बेचैन किया। मेरी आँखों में सवाल तैर आये। उसने पूछा नीतिरंजन जी यहीं रहते हैं। तब तक पापा आ गये। उन्होंने गर्मजोशी से कहा, अन्दर आइये।

पापा ने परिचय कराया मेरी बड़ी बेटी है। फिर उनकी तरफ़ देखकर कहा ये डॉक्टर हैं। इन्हीं के बारे में तुम्हें बता रहा था। अंगोला से अभी–अभी आये हैं। वो मुस्कुराये। गहरे रंग पर मोतियों जैसे दाँत झिलमिलाने लगे। और सुबह के आसमान पर सुलगता सूरज। उसने गहरी आँखों से मुझे देखा, आप किस क्लास में पढ़ती हैं? जी अभी मैट्रिक का इम्तहान दिया है। वाक़या 1980 का है। अंगोला अभी–अभी आज़ाद हुआ था। देश की हालत खस्ता थी। कई देशों के कम्युनिस्ट मुल्क उनकी मदद के लिए आगे आये। और दुनिया के कई हिस्सों से डॉक्टरों को अंगोला भेजा गया। जिस टीम के लीडर डॉ. शकील बनाये गये थे। मैं ये क़िस्सा अपने पिता से कई बार सुन चुकी थी। मुझे अच्छा लगा कि जब इस उम्र के लोग डॉक्टर बनकर पैसा कमाने में लगे रहते हैं कोई नौजवान अपना करियर दाँव पर लगा कर एक दूसरे देश की सेवा में लगा है।

उस मुलाक़ात ने मेरे दिल में खलिश पैदा की पर हम फिर लम्बे समय तक नहीं मिले। पर उसकी ख़ूबसूरत आवाज़ पीछा करती रही। साँवला रंग, चेहरे पर ढेर सारा नमक। पीएमसीएच से पढ़ाई ख़त्म करने के बाद कई सालों तक डॉ. सेन के शागिर्द रहे। अंग्रेज़ी और उर्दू की गहरी समझ। बातों का जादूगर। औरतें उसे अपना महबूब बनाना पसन्द करती थीं।

इस बीच मेरा दाख़िला मगध महिला कॉलेज में हो गया। हम कॉलेज की नयी ज़िन्दगी में मशगूल थे। मेरे घर से लगभग चार किलोमीटर कॉलेज होगा। हम चार लड़कियाँ एक ही रिक्शा पर बैठ कर जाते। कॉलेज के रास्ते में सड़क के दोनों किनारे पुरानी ईंटों की उदास इमारतें थीं। जिनकी मेहराबों के नीचे चाय और पान की दुकानें। हमारा रिक्शावाला उखड़ी हुई साँसों को सँभाले फूल–सी लड़कियों का भार उठाये कुछ गुनगुनाता रहता। मेरी बहन जोना से अक्सर इस बात पर लड़ाई होती कि वह मेरी गोद में नहीं बैठेगी। मैं कहती कि तुम मेरा भार सह नहीं पाओगी। रिक्शा का पैसा बचाने के चक्कर में हम एक–दूसरे पर लदे–फँदे कॉलेज पहुँचते।

कॉलेज में लड़कियों के जलवे थे। महिला कॉलेज होने की वजह से वे ख़ुद को ज़्यादा आज़ाद महसूस करतीं। मेरा मन खेल में ख़ूब लगता। उन दिनों ऐसा कोई खेल नहीं था जो हम नहीं खेलते। क्रिकेट का तो पागलपन सवार था। मैं तेज़ गेंद फेंकती थी। बाधा दौड़ में हम छलाँगें लगाते। कॉलेज के एनुअल डे पर बाहरी लोगों को भी इजाज़त थी। बी.एन. कॉलेज से लड़के रिश्तेदार के नाम पर पहुँच जाते। हिरणों की तरह छलाँग लगाने वाली लड़कियों की सुडौल पिण्डलियों को घूर–घूर कर आँख सेंकते। लड़कियाँ इन सबों से बेख़बर बेवजह हँसती रहतीं। हमारी एक दोस्त की बहन जिसे सब चम्बल की रानी कहते थे उनकी कॉलेज में बड़ी धाक थी। दोस्त की बड़ी बहन होने के नाते हम सब रैगिंग से बच गये। चम्बल की रानी का असली नाम बेबी था। बेबी दी मुँहफट और ज़बानदराज़ थीं। स्याह बाल और मोती जैसे दाँत थे। जब वो ज़ोर से क़हक़हा

लगातीं तो उनके सफ़ेद दाँत चमक उठते। उनसे मिलने कई लड़के आते। उनके इश्क़ के क़िस्से मशहूर थे। लड़कियाँ ईर्ष्या से देखतीं। उनके बारे में कई रहस्य थे, जो रहस्य हमें खींचता वह था, उस ज़माने में वो जीन्स और टॉप पहन कर आतीं। एक दिन बेबी दी ने रैगिंग के लिए कुछ बच्चियों को पकड़ा। कहा, तुम्हें इस लड़के से प्यार जताना होगा। वैसे ही जैसे प्रेमी करते हैं। उसको तो पसीना छूट गया। कोई लड़का पकड़ा गया था कॉलेज के पास चक्कर लगाते। बेबी दी ने उसे पकड़ लिया। वह सिटपिटा गया। उसने सपनों में भी नहीं सोचा होगा कि लड़कियाँ इस क़दर परेशान कर सकती हैं। बेबी दी ने कहा चलो शुरू हो जाओ। लड़की बेचारी रुआँसी हो गयी। आँखों से आँसू छलक पड़े। बेबी दी खिलखिलाकर हँस पड़ी। चलो बख़्श दिया।

जाने ऐसी कितनी कहानियाँ हैं। पर उसका मुक़म्मल विस्तार मुश्किल है। शायद हम सबों के भीतर कहानियाँ पड़ी रहती हैं। हमारे जीवन के रेशे–रेशे में। पर बयान करना ख़तरे से ख़ाली नहीं है। वह भी जब आप अपने जीवन अनुभवों को लिख रहे हों। मशहूर अफ़सानानिगार इस्मत कहती हैं जगबीती और आपबीती बाल बराबर का फ़र्क़ है। जगबीती अगर अपने आप पर बीती महसूस न हो तो वह इन्सान ही क्या है।

कॉलेज में जाते ही मैंने एआईएसएफ का गठन किया। उन दिनों एआईएसएफ का ज़िम्मा उषा दी पर था। उषा दी पेशे से डॉक्टर हैं। कम्युनिस्ट पार्टी के बड़े नेता कॉमरेड एच. के. व्यास की बेटी। ख़ूबसूरत और ज़हीन। पहली बैठक उनके साथ हुई। दूसरी बैठक एआईएसएफ के दफ़्तर में हुई।

जब मैं पहुँची तो क़रीब 10 बज रहे थे। बैठक की अध्यक्षता शकील कर रहे थे। मुझे देखते ही कहा, आइए कॉमरेड। मैं मुस्कुरायी। यह हमारी दूसरी मुलाक़ात थी। दुबारा उन्हें देख अच्छा लगा। बैठक में संगठन के विस्तार की योजना बनी। अलग–अलग ज़िम्मेदारियाँ सौंपी गयीं। एक साथी ने कहा कि हम लोग छात्रों के बीच काम करते हैं इसलिए किसी ख़ास पार्टी के इशारे पर काम क्यों करें?

उसकी बात सुनकर कई साथी उत्तेजित हो गये। कुछ लोगों ने कहा ये बीजेपी का एजेंट है। किसी ने कहा कांग्रेसी है। कॉमरेड शकील ने हस्तक्षेप किया।

इतनी बचकानी हरकत की उम्मीद नहीं है आप सबों से। किसी ने सवाल उठाया है तो जवाब दें। इस तरह उत्तेजित होना सही नहीं है। तब तक उस बन्दे पर काफ़ी हमला हो चुका था। उसने चिल्लाकर कहा, कॉमरेड ये जो आपके साथी हैं मैं दावा करता हूँ कि इनमें से 80 फ़ीसदी ऐसे लोग हैं जो कम्युनिज़्म का मतलब नहीं समझते। इनमें से तो कुछ लोग तबलीगी जमात वाले भी हैं। उन्होंने कहा, बेहतर होगा आप सब शान्त हो जायें। कौन सच्चा कम्युनिस्ट है कौन झूठा इसका फ़ैसला वक़्त करेगा। हम फ़िज़ूल बातों में वक़्त गँवा रहे हैं। मैं मानता हूँ कि हर क्रान्ति के अन्दर अगली क्रान्ति के बीज होते हैं। हमारी कोशिश है कि उसके लिए ज़मीन तैयार हो।

क्रान्तिकारियों के बारे में बचपन से क़िस्से सुनते आयी थी। कई किताबें पढ़ीं। पर जो सामने था वह उन सबों से कितना मिलता था। मैं देख रही थी उसकी आँखों में जिसमें लावा दहक रहा था। बैठक के बाद उन्होंने पूछा, क्या आपको घर छोड़ दूँ। मैं स्कूटर के पीछे बैठ गयी। मैंने पीछे बैठे हुए पूछा, आपको नहीं लगता कि समाजवाद का फ़लसफ़ा और उसे ज़मीन पर उतारने के फ़लसफ़े में बहुत फ़र्क़ है? हाँ इससे इनकार कहा है। पर क्या सारी बातें मेरी पीठ के पीछे ही कर लेंगी कि हम इत्मीनान से बैठ कर भी बातें कर सकते हैं। वैसे मैं मानता हूँ कि किसी भी दार्शनिक विचार को ज़मीन पर लाने के लिए काम पूरी ताक़त और निष्ठा से करना होगा। घर के पास स्कूटर रुका तो मैंने कहा, मेरी माँ खाना बहुत उम्दा पकाती हैं, आप खा कर जायें। नहीं किसी और दिन ये कह कर उसने विदा ली। दूसरे दिन सबेरे–सबेरे हमारे घर पहुँचे। कॉमरेड अमरजीत कौर पटना आ रही थीं उन्हें लेने जाना है। आपको हमारे साथ जाना होगा। हमने पापा से पूछा जा सकते हैं? पापा ने कहा जाओ। राजेन्द्र नगर से स्टेशन का रास्ता लम्बा है। सड़क के किनारे इमारतें बेरंगी और धूल से भरी थीं।

वही कचहरियाँ, वही डाकबँगले, वही रेलवे स्टेशनों के कोलतार से लिपे वेटिंगरूम।

वहाँ जाकर पता चला कि कॉमरेड अमरजीत नहीं आयी। यह तय हुआ कि कहीं चाय पी जाय। उन्होंने कहा कि मेरे घर चलते हैं वहीं आपको चाय पिलाता हूँ। मेरे दिल की धड़कनें तेज़ हो गयीं। पर मना नहीं कर सकी। ताला खोल कर हम सीधे उनके बरामदे में खड़े थे। सड़क पर मुकम्मल सन्नाटा था। उसने रेडियो खोल दिया। रेडियो पर लता के गीत गूँज रहे थे। चाय की दो प्यालियाँ। गर्म भाप और उसकी मादक हँसी। उसने बहुत धीरे–से कहा, आपकी आँखें बहुत सुन्दर हैं और इस बहाने मेरी आँखों में उतर गया। पहली बार महसूस किया कि मेरे भीतर एक ख़ूबसूरत औरत है। उसके हाथ मेरे स्याह और घने बालों पर फिसल रहे थे। मेरी आँखें पिघल रही थीं। उस दिन जब मैं वापस आयी तो देर तक जागती रही।

बाहर धूप छिटकी हुई थी। खिड़की के बाहर सुर्ख़ फूलों वाले घने दरख़्त को छूती हवा मेरे गालों को सहला गयी। मैं नींद में डूब गयी। जब जागी तो बाहर सूरज डूब रहा था। दरख़्तों के झुरमुट में सूरज का सुनहरा रंग इस क़दर दिलफ़रेब था जैसे आकाश ने समेट लिया हो उसे अपने आगोश में। पलँग पर चित पड़ी मैं सोच रही थी कि आख़िर क्या बात है इस आदमी में कि वह खींचती चली जा रही है। उसे देखते ही उसके गाल सुर्ख़ क्यों हो जाते हैं। बैठे–बैठे उसका दिल चाहता कि वह उसके चौड़े सीने पर सर रख कर सो जाये। घण्टों बेवजह आईने के पास बैठी रहती। उसका बदन आहिस्ते–आहिस्ते सुलगता रहता। *कोई मेरे दिल से पूछे तेरे तीर–ए–नीमकश को यह खलिश कहाँ से होती जो जिगर के पार होता।*

मेरा दिल भर आया। ये क्या हो रहा है मुझे। मैंने सोचा था कि अब प्रेम कभी नहीं होगा। पिछला घाव इतना गहरा था कि दिल ही दिल में कसम खायी थी कि अब किसी से दिल नहीं लगायेंगे। क़िस्मत की सितमगिरी देखिए कि दिल हमेशा ही लगा रहा। रामायण में तुलसीदास ने लिखा है, नौजवान औरतें शोले के लौ की मानिंद होती हैं।

इस लौ में जो जले वो ख़ाक। मैं ख़ुद को सावधान कर रही थी। निवेदिता ख़ुद को सँभालो। इस लौ में किसी और को जलने मत दो।

शकील मूल रूप से असरगंज के रहने वाले हैं। हालाँकि उनकी मरहूम फूफी कहती थीं कि हम लोग बाराबंकी के हैं। उनके पूर्वज वालिद अलीशाह के दरबार में थे। उनकी ज़िम्मेदारी राजा के शस्त्र भण्डार की देख–रेख करना था। बाद में अंग्रेज़ों ने उन्हें गिरफ़्तार किया और बंगाल के मटियाबुर्ज के पास उन्हें रखा गया। कहते हैं उसी दौर में शकील के पूर्वज उनके पीछे–पीछे मुर्शिदाबाद आये। उन्होंने भी अंग्रेज़ों के ख़िलाफ़ जंग लड़ी। बाद में छिपते–छिपाते मुंगेर आये। जहाँ उन्होंने चमड़े का व्यापार शुरू किया। आज भी शकील का गाँव चमड़ा गोदाम के नाम से जाना जाता है। ये दिलचस्प इतिहास मुझे और क़रीब ले आया।

दूसरे दिन हम फिर मिले। राजेन्द्र नगर रोड न. 11 में उसका घर था। दो कमरे का घर। काफ़ी साफ़ और सुन्दर। कमरे में ज़्यादा सामान नहीं था। बाहर के कमरे में चार कुर्सियाँ जो सफ़ेद तार से बुनी हुई थीं। कुछ किताबें। और टेपरिकॉर्डर। उसने कहा, ज़बरदस्त भूख लगी है। कुछ खायेंगी आप? मेरे जवाब का इन्तज़ार किये बग़ैर दो अण्डे का ऑमलेट बनाया और ब्रेड सेंके। मक्खन की गहरी परत लगाकर मुझे खाने को दिया। उन दिनों मेरे लिए अण्डा खाना बड़ी बात थी। हमारा बड़ा परिवार था। अमूमन अण्डा आता नहीं, आता तो पूरा सफाया हो जाता। मुझे लगा इससे लज़ीज़ खाना हो ही नहीं सकता। मैंने सरसरी नज़र पूरे कमरे में डाली। बाहर बरामदे के नीचे लगे फूलों को देखती रही। हवा के झोंके ने ज़ोर से दरवाज़ा बन्द कर दिया। मैं चौंकी। उसने कहा, रहने दीजिए मैं बन्द करता हूँ। दरवाज़ा बन्द किया और सिगरेट सुलगाकर कुर्सी मेरे नज़दीक खींच ली।

उसने बड़ी बेबाकी से पूछा आपको नहीं लगता हम दोस्ती से आगे निकल आये हैं। मैं कुछ कह नहीं पायी। वह निहारता रहा। धीरे–से मेरे हाथों को थाम लिया। हम ख़ामोश थे। कुछ बह रहा था हमारे भीतर। गर्म लहू–सा। दरवाज़े से छनकर शाम की पीली धूप

ज़मीन पर चमक रही थी। कुछ देर चुप्पी रही। यह अच्छा ही था। मेरी उखड़ी साँसें वापस आ गयीं। उसने बहुत शान्त और गम्भीर आवाज़ में कहा, आप मुझे अच्छी लगती हैं। सामने पूरी शाम पड़ी थी। लाल धधकती हुई और शायद रात का एक टुकड़ा भी। वह देखता रहा। मैं तपती रही। हमारी चुप्पी मुहब्बत की गवाह थी। मैं भीगा–भीगा मन लिए लौट आयी।

दूसरे दिन हमारा रिहर्सल था। जहाँ हम रिहर्सल करते थे वह एक पुराना मकान था। जिसके सामने बड़ा–सा लॉन था। जहाँ बेतरतीब घास उगी हुई थी। उस वक़्त हल्की–हल्की बारिश हो रही थी। हवा में जंगली घासों की ख़ुशबू थी। अन्दर से मद्धम सुर में गाने की आवाज़ आ रही थी। भीतर गयी तो दिलीप हारमोनियम पर बैठा हुआ था। बाहर बादल तैर रहे थे। उसने तान छेड़ा। *पंखी राजा रे पंखी राजा मीठा बोल*। मैं पास बैठ गयी। तुम गाते हो तो लगता है कहीं दूर पहाड़ों पर आबशार गिर रहा है। वह हँसने लगा। अच्छा तुम भी साथ दो। अरे ऐसे नहीं सुर में। सुर रहेगा तब तो सुर में गाऊँगी। नहीं तुम गा सकती हो। तभी तनु भैया ने कहा ज़रा तुम लोग इधर आओ। तनवीर अख़्तर को हम लोग तनु भैया बुलाते थे। उन दिनों इप्टा के सचिव थे। हम वहाँ पहुँचे तो देखा सब लोग रेडियो ध्यान से सुन रहे हैं। सबके चेहरे पर हवाइयाँ उड़ी हुई थीं। क्या हुआ क्या सुन रहे हैं? इशारे से उन्होंने चुप रहने को कहा।

रेडियो पर गम्भीर आवाज़ गूँजी। देश की प्रधानमन्त्री इन्दिरा गाँधी की हालत नाजुक है। हम सब सकते में आ गये। मेरी आँखें डबडबा गयीं ये क्या हुआ? तनु भैया ने कहा हम लोगों को इस स्थिति के लिए तैयार रहना चाहिए। पटना सिटी में सिखों पर ख़तरा है। एआईएसएफ के साथियों को भी ख़बर दी गयी। तय हुआ कि कल सुबह 6 बजे इप्टा ऑफ़िस में जमा होना है। फिर वहीं से पटना सिटी चलेंगे।

उन दिनों हम लोग गदर्नी बाग़ में रहते थे। घर पहुँचे तो मायूसी छायी थी। कुछ पता नहीं चल रहा था कि आख़िर क्या हुआ।

पापा लगातार रेडियो पर कान लगाये हुए थे। हमारे घर में टेलीविज़न नहीं था। मेरे चेहरे पर मायूसी देखकर उन्होंने कहा तुम सो जाओ। सब ठीक हो जायेगा। पर मेरी आँखों में नींद नहीं थी। ये सोच कर सिहर गयी कि अगर इन्दिरा गाँधी नहीं बचीं तो इस देश का क्या होगा? सारी रात बेचैनी में कटी। घड़ी देखी तो अभी 4 ही बजे थे। सूरज निकला नहीं था। आसमान पर गहरे बादल थे। फिर भी मैं उठ कर तैयार हो गयी। घर से निकल ही रही थी कि पापा ने कहा, कहाँ जा रही हो? शहर में कर्फ़्यू लग गया है। उन्होंने अख़बार मेरी तरफ़ बढ़ा दिया। अख़बार के पहले पन्ने पर इन्दिरा गाँधी की हत्या की ख़बर थी।

माँ रो रही थी। पापा चिन्तित थे। माँ ने कहा नहीं जाना है। मैंने डबडबाती आँखों से कहा माँ जाने दो। जाने वाला तो चला गया पर कहर उन पर टूटेगा जो मासूम हैं। हम जल्दी आ जायेंगे। यह कहते हुए तेज़ी से निकल गये। आसमान पर से बादल छँट गये थे। जगह–जगह पर पुलिस गश्त कर रही थी। हम घर से निकलकर चौराहे तक पहुँचे ही थे। पुलिस के जवानों ने रोक लिया। आपको मालूम नहीं कर्फ़्यू लगा है शहर में। जी हम घर जा रहे हैं। उसने कहा, जल्दी निकलिए। मैं आगे बढ़ी स्टेशन की ओर। दुकानें लुट रही थीं। माथे पर पगड़ी बाँधे एक सरदार घबराया हुआ आया, मेरी दुकानें लूट रही हैं मदद करो भाई। मेरा दिल घबराने लगा। पता नहीं क्या होगा। पर वापस भी नहीं जा सकती थी। फिर ख़याल आया कि सब तो आये होंगे। डरने से काम नहीं चलेगा।

रिक्शावाला बोला, दीदी स्टेशन होकर नहीं जाते हैं वहाँ फसादी हैं। दंगाइयों ने दो होटलों में आग लगा दी। कई मिठाई की दुकानें लूट लीं। आगे बढ़ी तो देखा जिसे जो लूटने का मौक़ा मिल रहा है लूट रहे हैं। कोई चार–पाँच सौ लोग जमा हो गये। उन लोगों ने कहा कि स्टेशन पर कई सरदारों की दुकानें हैं चलो उन्हें लूटते हैं। पहली बार मैं देख रही थी आदमी को जानवर में बदलते हुए। नफ़रत एवं गुस्से से मैं काँपने लगी।

अपनी बेचारगी पर तरस आया। रिक्शावाला किसी तरह गली–गली करते हुए मुझे लंगर टोली तक ले आया। उससे आगे जाने के सारे रास्ते बन्द कर दिये गये थे। इप्टा ऑफ़िस तक हम नहीं पहुँच पाये। किसी तरह अजय भवन पहुँचे।

वहाँ मुझे देखते ही सहजा दा परेशान हो गये। सहजा दा का पूरा नाम सहजानन्द राय है। अब हमारे बीच नहीं हैं। पर पूरी ज़िन्दगी कम्युनिस्ट पार्टी से जुड़े रहे। उन्होंने पूछा, तुम किस तरह आयीं। मैंने उन्हें बताया, तो प्यार से मेरे सर पर चपत लगायी। पगली! इस तरह आते हैं, कहीं कुछ हो जाता तो! मैंने कहा, दादा साथियों से सम्पर्क किस तरह होगा। क्या करना है? उन्होंने कहा, अभी इस माहौल में कुछ नहीं किया जा सकता। कर्फ़्यू हटने तक इन्तज़ार करना होगा। मेरी समस्या थी कि अब घर किस तरह लौटें। पड़ोस में फ़ोन किया। पापा नहीं थे। माँ ने कहा भाई को भेजते हैं। प्रियरंजन किसी साथी का मोपेड लेकर बड़ी मुश्किल से पहुँचा। हम घर के लिए निकले। सड़कों पर गहरा सन्नाटा था। जगह–जगह पुलिस गश्त कर रही थी। हम लोग घर पहुँचे तो शाम हो चुकी थी। माँ बेचैनी से बरामदे में टहल रही थी।

कर्फ़्यू लम्बा खिंचता चला गया। देश के दूसरे हिस्से से हिंसा की ख़बर आने लगी थी। स्कूल के दिनों में मेरी गहरी दोस्त थी हरजीत कौर। सुना कि उसका परिवार पंजाब शिफ़्ट कर रहा है। मुझे धक्का लगा। मैं हरजीत से मिलने गयी। वह रो रही थी। मेरा दिल बैठ गया। उसने डबडबायी आँखों से देखा। फिर धीरे–धीरे अपनी मुरझायी उँगलियों से मेरे गाल सहलाने लगी। समय कैसे अचानक पाट पलट देता है। दुख बहता रहता है। इस दंगे में कितने लोगों ने अपना सब कुछ खोया। मैंने अपनी दोस्त खोयी। जिन्होंने उस त्रासदी को महसूस नहीं किया है, वे नहीं जानते कि अपनी जगह से उजड़ना क्या होता है?

मुझे याद नहीं हम कब तक एक–दूसरे के हाथों में हाथ लिए बैठे रहे। मैं उसका रोना सुन रही थी। आँसुओं के बवण्डर के बीच

उसने मेरा चेहरा हाथों में भर कर कहा जब हम याद आये तो इसे देख लेना। ...आज भी उसका दिया कड़ा मेरी अलमारी में दमकता रहता है। सहसा वर्षों पुराने दबे हुए आँसू उमड़ते चले आये। झरती हुई बूँदों के बीच हरजीत का भीगा चमकता चेहरा सामने है। मैंने देखा चमकीली धूप दरख़्तों के पीछे छुप गयी। आज मन ख़ाली–ख़ाली सा है। ख़ाली आकाश, सूखी नदी, हवा कुछ भी नहीं... वह तो मेरे भीतर है। *जब ज़रा गरदन झुका ली देख लीं तसवीरें यार*।

यादें

पटना। वह सुबह भी हमेशा की तरह आम सी सुबह थी जब डॉक्टर ने कहा कि बेटी हुई है। घड़ी उसी तरह टिक–टिक कर रही थी। अप्रैल के महीने की चार तारीख़ को वह पैदा हुई। कमरे में रौशनी कुछ धुधँली थी। नर्स ने बताया बच्ची ख़ूब स्वस्थ है। नाज़ुक–नाज़ुक हाथ–पाँव, पेट के ही बाल इतने घने और घुँघराले कि लगता था काले–काले बादल पिघले–पिघले घूम रहे हैं।

जब वह पैदा हुई तो उसकी माँ की उम्र 16 साल थी। डॉक्टर ने कहा, माँ कमज़ोर है। ख़ून की कमी है। ख़याल रखना होगा। पिता की पोस्टिंग किसी दूसरे शहर में थी। उन दिनों टेलीफ़ोन का ज़माना नहीं था। जब तक उनको ख़बर हुई वो पैदा हो चुकी थी। बड़े काका ने माँ की हालत देखते हुए छोटे काका को बुला भेजा था। वे डॉक्टर हैं इसलिए उनके रहने से सबको भरोसा होता है। काका का घर अस्पताल से पास में ही है। अस्पताल से सीधी सड़क घर की ओर जाती है। दायें हाथ को जाने वाला रास्ता शहर के बाहर खेतों की ओर चला जाता है। दूर तक फैले लहलहाते खेत और पीछे पहाड़ों की श्रृंखला। गया पहाड़ों का शहर है। बायें मुड़ने पर एक चौड़ी सड़क सीधे घर की तरफ़ जाती है। घर पहुँचे तो काकी इन्तज़ार में थी। क्या हुआ? हँसते हुए काका ने कहा, लक्ष्मी आयी है। काकी ख़ुश हो गयी। पूछा, फूलो को ख़बर किया। हाँ, टेलीग्राम भेजा है। फूलो भागे–भागे पहुँचे। इन्दु की हालत बेहतर हुई तो सुधीर पटना के लिए रवाना हुए। रास्ते में ही थे कि बेटी के जन्म की ख़बर मिली।

चार दिन पहले फूलो की बेटी जन्मी और चार दिन बाद सुधीर की। भगवान की कैसी लीला। दोनों बेटी। एक का दुधिया सफ़ेद रंग में गुलाल मिला हुआ। दूसरी तांबई रंग। तराशे हुए नैन–नक़्श। दोनों लड़कियाँ बड़ी हो रही हैं। एक फूल सी नाजुक दूसरी खुलता हुआ गेहुआँ रंग, बड़ी–बड़ी जामुनी आँखें। तराशे हुए नाक और गर्दन ऊँची, घने घुँघराले बाल। दोनों बहनें जब साथ होतीं लोग तुलना करने लगते। दुधिया रंग के सामने गेहुआँ रंग। आहें भरते काश अगर इसका भी रंग दुधिया होता तो क़यामत होती। वह नाराज़ होती। मुझे अपना रंग पसन्द है। नहीं होना है उसकी रंग का। माँ कहती दूध पी जाओ तो उसी की तरह गोरी होगी। वह गुस्से में पूरा गिलास ख़ाली कर देती पर रंग तांबई ही रहता। धीरे–धीरे उसे पता चलने लगा कि उसके रंग में ग़ज़ब का जादू है। लोग कहते उसकी आँखें ऐसी जैसे राधा की नीमबाज़ आँखें। वह सोचती राधा कौन है। एक दिन उसने माँ से पूछा, माँ ये राधा कौन है? माँ ने कहा, कृष्ण की प्रेमिका। माँ सब कहते हैं मेरी आँखें राधा की तरह हैं। माँ खिलखिलायी। विद्यापति के गीत में है ऐसी आँखों का वर्णन–राधा की अधखुली आँखें जैसे कमल के फूल पर भँवरा बैठा हो।

दो साल गुज़रते–गुज़रते भाई आ गया। फिर तीन बहनें और एक भाई। माँ को छोटे बच्चों से फुरसत नहीं मिलती। उसे अकेलापन लगता। कभी बागान में टहलती। कभी किचेन में जाकर माँ का हाथ बँटाती। रात में एक बड़े पलँग पर माँ के साथ सारे बच्चे सोते। माँ काफ़ी सफ़ाई पसन्द करती थी। बच्चे बिस्तर गीला करते थे। बिस्तर पर बड़ा–सा प्लास्टिक बिछाया जाता। उसके ऊपर मोटी सी चादर। उसे प्लास्टिक पर सोना पसन्द नहीं। पाँच भाई–बहनों के बाद पलँग पर जगह बचती भी नहीं थी। वह माँ के पायताने सोती। रात में कई बार डर लगता। माँ अपना पाँव बढ़ा देती। माँ के पाँव को सीने में चिपकाये वह सुकून की नींद सो जाती। छह बच्चों को माँ अकेले सँभाल नहीं पाती। इसलिए नानी अक्सर माँ को गाँव ले आती।

नानी का घर सहरसा में है। सहरसा तक सब रेलगाड़ी से आते फिर वहाँ से सिमराही तक बस से। नाना सिमराही में बैलगाड़ी भेज देते। उसे बैलगाड़ी पर बैठना ख़ूब पसन्द था। बैलों के गले में लगी घण्टी बजती रहती। धीमी–धीमी सुरीली। रास्ते में धान की पीली बालियाँ लहलहातीं। उसकी पत्तियाँ इतनी हल्की और इस क़दर बारीक़ होतीं कि हवा के हल्के झोंके से भी लचकती रहतीं।

गाँव हमेशा से उसे पसन्द है। हरेभरे बागान। सामने आम का बगीचा। घर के पिछवाड़े साग–सब्ज़ी उपजती थी। नानी के साथ उनकी माँ भी रहती थीं। जिसे सब बड़ी नानी बुलाते। जब से उन्हें देखा सफ़ेद बाल और सफ़ेद साड़ी में। उनके बाल कभी लम्बे नहीं देखे। बाद में पता चला कि विधवाएँ ऐसे ही रहती हैं। नानी बगीचे में ले जाती। देखो ये नेनुआ का बत्ती है और ये कटहल का पेड़। उसे लगता नानी को गाँव के सारे गाछ के रहस्यों का पता है। नानी के साथ मिलकर घर के पिछवाड़े में वह सब्ज़ियाँ रोपती। नानी कहती किसानों के खेत से सब उपजना चाहिए नहीं तो खेत बाँझ औरत की तरह लगते हैं। वो पूछती–नानी बाँझ औरत क्या होती है? नानी हँसती अभी ही सब जान लोगी बिटिया। अच्छा चलो हम धनिया बो दें। वो क्यारियों में धनिया बोतीं। घर में रोज़ धनिया की चटनी बनती। आम के मौसम में धनिया में आम मिलाकर पीसा जाता। उसकी ख़ुशबू से गमः–गम करता आँगन। उसे बड़ी हैरानी होती कि एक नन्हे से बीज से इतनी घनी–घनी हरी पत्तियाँ फूटती कैसे हैं? आँखें खुलते ही भागती कि क्यारियों में धनिया बोया वह फूटा या नहीं। देखा तो बारीक़–बारीक़ हरी–हरी पत्तियाँ निकल आयी थीं। चिकने–चिकने हरे रंग की नन्ही–नन्ही पत्तियाँ लहलहा रही हैं।

नानी के घर में रहते हुए पढ़ाई का नुक़सान हो रहा था ये सोच कर पापा उसे और छोटे भाई प्रियरंजन को पटना ले आये। माँ के बग़ैर बच्चे अनाथ से ही रहते हैं। घर से दो किलोमीटर दूर स्कूल था। दोनों भाई–बहन बस्ता उठाये निकल पड़ते।

उसके घर के पास एक बड़ा–सा नाला बहता। नाले के किनारे–किनारे सँकरी सी सड़क। चॉय टोला के नाम से वह मुहल्ला जाना जाता था। रास्ते में जितने पेड़ मिलते गिनते जाते। दरख़्तों पर फैली हुई बेलें। केले और ताड़ के पत्ते। नीम, पीपल, कदम्ब, कटहल। कदम्ब के पेड़ को देखकर लगता जैसे कोई समाधि में लीन हो। पीपल की घनी छाया के बीच से सूरज की किरनें झरतीं। पेड़ों को छूते हुए दोनों भाई–बहन स्कूल पहुँच जाते।

टिफ़िन का समय उसके और भाई के लिए परेशान करने वाला होता। वह चाहती कि उसका टिफ़िन कोई न देखे। उन दिनों उसकी माँ नहीं रहती थीं। टिफ़िन अक्सर उसके चचेरे भाई दिया करते थे। भात, दाल–सब्ज़ी और चीनी। चीनी दाल में घुल जाता और उसका मज़ा बेकार हो जाता। कभी सत्तू देते। बच्चे मज़ाक़ उड़ाते कि वे टिफ़िन में भात लाते हैं या सत्तू लाते हैं। कई बार शर्म से दोनों भाई–बहन छुप कर जल्दी–जल्दी खाते। इस चक्कर में सत्तू बिना पानी मिलाये खाते। उनका पूरा मुँह उजला हो जाता। बच्चे हो–हो कर हँसने लगते। भाई के सारे दोस्त उसके दोस्त थे। सब सारे दिन छत पर पतंग उड़ाये फिरते। उनकी पतंग बादलों को छूती। कभी–कभी सूरज की किरणें बादलों के बीच से निकलतीं। उसमें नीलमी हीरे जैसी बुंदकियाँ चमकतीं। गहरे नीले रंग के आसमान पर हल्की–हल्की सूरज की किरणें पतंग पर फैल जातीं। उसे लगता कि वह सूरज को छू रही है। पतंग उड़ाते हुए बचपन में पढ़ी एक कहानी 'काकी' की याद आती। जिसमें बच्चा पतंग के लिए पिता की जेब से पैसा चुराता है। उसे किसी ने बताया कि उसकी माँ जो आसमान में रहती है उस तक वह पतंग के ज़रिये पहुँच सकता है। वे दोनों भी उस कहानी की तरह माँ के पास अपनी पतंग भेजना चाहते। कई बार सोचते काश कितना अच्छा होता अगर माँ पतंग की डोर पकड़े–पकड़े हमारे पास आ जाती। माँ की चिट्ठियाँ आतीं, वे ख़ुशी से भर जाते। जैसे उनके हाथ ख़ज़ाना लग गया हो। ख़त पढ़ते ही नन्हे भाई–बहनों की सूरतें साफ़–साफ़ नज़र आतीं।

बचपन की यादें मलगजी–मलगजी, धुँधली हैं लेकिन उन यादों में कहीं कोई अजनबीपन नहीं है। कभी–कभी नींद में ऐसे मंज़र दिखायी पड़ते कि वह बेचैन होकर जाग जाती। निगाहों की हद के पास, माँ बाँहें फैलाये दिखती। जब वह क़रीब जाती तो माँ ग़ायब हो जाती। वह घबरा कर उठ जाती। फिर परेशान रहती कि इस ख़्वाब का मतलब क्या है?

कुछ दिनों बाद पिता माँ को ले आये। उन दिनों वे राजेन्द्र नगर में रहते थे। उसका दाख़िला 9वीं कक्षा में रवीन्द्र बालिका विद्यालय में हुआ। स्कूल से लौटकर घर के पास के मैदान में सारी लड़कियाँ जुटतीं और उनकी खिलखिलाहट से मुहल्ला गूँजता। ये उम्र ही ऐसी थी जिसमें बेवजह हँसना, इतराना चलता रहता था। सामने के घर में रज्जी रहता था। वे लोग ईसाई थे। रज्जी के घर के ऊपर में शबनम चाचा। मुहल्ले में लड़कियों की पूरी फ़ौज थी। उनके मज़े थे। ईद–बकरीद में शबनम चाचा के यहाँ सारे बच्चे जमे रहते। एक से एक लज़ीज गोश्त और सेवैयाँ खाने को मिलतीं। क्रिसमस में सब मिलकर क्रिसमस ट्री सजाते। केक और मिठाइयाँ खा–खा कर अघा जाते। क्या होली, क्या दशहरा पूरा मुहल्ला इस तरह जीता जैसे सारे पर्व पर उनका हक हो। उसने कभी नहीं जाना कि ईद मुसलमानों का पर्व है और क्रिसमस ईसाइयों का। मुहल्ले के लड़के–लड़कियों की टोली सारे दिन आवारागर्दी करती। इश्क़ के क़िस्से चटखारे ले–लेकर हम सुनते। आज कौन हलाल हुआ? किसकी नज़रें चार हुईं जैसे जुमले लोगों की जुबान पर होते। प्रेम पहले खिड़कियों के रास्ते आता। प्रेम–पत्र भेजने के नये–नये तरीक़े ईजाद किये जाते।

पहली बार उसे वहीं देखा था। ख़ाक और धूल से सने कपड़े। रुपहले बालों पर घनी–घनी लटें कानों तक झूल रही थीं। धूप से रंग कुछ और झुलसकर शोख़ हो गया था। होंठों के दरमियान सितारों की लड़ियाँ चमकीं। दोनों ने एक–दूसरे को देखा। दिल में बादल फटे। बिजलियाँ चमक गयीं। उसके लिए दिल धड़का। फिर बाद में पता नहीं कितनों के लिए धड़का।

हर दिन की तरह वह स्कूल जा रही थी। उसने महसूस किया कि कोई उसके पीछे चला आ रहा है। मुड़कर देखा तो वही था। उनकी नज़र मिली। वह ठिठक गया। वह आगे बढ़ गयी। कई दिनों तक ये सिलसिला चलता रहा। उसे बुरा लगता। इस तरह पीछा करना बेवकूफ़ी लगती। लोग क्या सोचेंगे? एक दिन उसने हिम्मत कर कहा–इस तरह पीछा क्यों कर रहे हो? वो ख़ामोशी से सर झुकाये खड़ा रहा। उसे वहीं छोड़ वह तेज़ क़दमों से निकल गयी। उस दिन के बाद वह कई दिनों तक दिखा नहीं। उसे बुरा लग रहा था उसके लिए।

एक दिन वह छत पर थी। जाड़े का दिन था। गुनगुनी धूप फैली हुई थी। सामने ताड़ के बड़े–बड़े दरख़्त ऊँचे होकर सुर्ख़ आसमान से जा लगे थे। वह किताब में डूबी हुई थी कि अचानक ज़ोर से आवाज़ हुई। उसके सामने पत्थर में लिपटा काग़ज़ का टुकड़ा फड़फड़ा रहा था। उसने इधर–उधर नज़र दौड़ाई तो देखा वह छत पर ख़ामोश खड़ा है। दिल में खलबली मच गयी। ख़त लेकर उसके हाथ काँपने लगे। उसने नज़र बचा कर ख़त को जल्दी से स्वेटर के अन्दर छिपा लिया। वह भागी–भागी जयश्री के पास गयी। जयश्री उसके साथ स्कूल में थी। दोनों गहरे दोस्त हैं। हमराज, हमख़याल। जयश्री समझ गयी। आज कोई ख़ास बात है, निवेदिता सुबह–सुबह पहुँची है। दोनों ने कमरा बन्द किया, और एक साँस में ख़त पढ़ गयी। पहला ख़त बड़ा फ़िल्मी था। जिसे पढ़कर दोनों सहेलियाँ देर तक हँसती रहीं। सफ़ेद काग़ज़ पर ख़ूबसूरत हर्फ़ चमक रहे थे–*'माना कि तुम बेहद हसीं इतने बुरे हम भी नहीं।'* बदले में उसने फ़ैज़ की नज़्म भेज दी। फिर ये सिलसिला चलता रहा। उसे देखकर उसका दिल उसकी तरफ़ खिंचने लगता। वह कहीं भी होती, उसके वजूद का एहसास नब्ज़ की तरह धड़कता। पहली बार वह उससे एक दोस्त की छत पर मिली। दोनों पर मुकम्मल ख़ामोशी तारी थी। आसमान का रंग सुर्ख़ था। उसने उसका हाथ अपने हाथ में लिया। सूरज पूरी तरह डूब चुका था। उसकी लाली रात की स्याही में तब्दील हो गयी।

उसने चोर नज़रों से उसे देखा। क़द निहायत बुलन्द, पेशानी ऊँची, आँखें रौशन, सीना चौड़ा। साँवला रंग, घनी भवें, लम्बी पलकें। एक लम्हे के लिए उसकी निगाहें उसके चेहरे पर टिक कर रह गयीं। उसने देखा वह उसे देख रहा है अपलक। शर्म से उसका चेहरा लाल हो गया। धीमी–धीमी चाँदनी फैली हुई ख़ामोशी को और भी पुरइसरार बना रही थी। बग़ैर कुछ कहे वे एक–दूसरे से विदा हुए। उनकी आँखें कहती रहीं। प्रेम जब भी होता है तो इसी एहसास के साथ। वह दिन भी आया जब वे अलग हो गये। जाने कितनी रातें आँसुओं से तर होती रहीं।

कैफ़ी से मुलाक़ात

ज़िन्दगी की ख़ूबसूरती यही है कि वह अतीत में नहीं पड़ी रहती। उन मुश्किल दिनों में फ़ैज़ की नज़्म ख़ूब काम आयी। *'राहतें और भी हैं वस्ल की राहत के सिवा।'* वह स्कूल से कॉलेज में पहुँच गयी। छात्र आन्दोलन और इप्टा जैसे संगठनों से जुड़ाव ने ज़िन्दगी के नये मायने समझाये। उन्हीं दिनों पटना में प्रगतिशील लेखकों की ओर से बड़े मुशायरा का आयोजन किया गया था। देश के बड़े नामी कलाकार, शायर जमा हुए थे। यह वह दौर था जब पटना की रचनात्मक सरगर्मियाँ बढ़ी हुई थीं। ऐसा लगता था जैसे शहर की रगों में रचनात्मकता दाख़िल हो। पहली बार वह कैफ़ी और शौकत आज़मी से यहीं मिली थी। एक बेहद ख़ूबसूरत इन्सान। बदन पर बारीक़ रेशमी कुर्ता। रंग निहायत गोरा। बड़ी–बड़ी आँखें। नाज़ुक–नाज़ुक होंठ पर हल्की–सी मुस्कान। उनका चेहरा इस क़दर पुरकशिश कि देखते रहिए। उनकी आवाज़ में अजब लोच और दिलकशी थी। निहायत साफ़ और खुली आवाज़। मिठास ऐसी जैसे शब्द शहद में लिपटे हों।

कैफ़ी आज़मी की देख–रेख का ज़िम्मा उसे और उसकी बहन जोना को सौंपा गया। दोनों बहनें पहुँच गयीं। आदाब किया। इधर आओ बिटिया। जी हमें आप दोनों की देखभाल के लिए भेजा गया।

वे हँसे। शौकत आज़मी ने प्यार से उनके माथे पर हाथ फेरा। बैठ जाओ बिटिया। तुम्हें पता है शबाना भी हम दोनों का इसी तरह ख़याल रखती है। जी वो तो बड़ी अदाकारा हैं। हाँ वो तो है। आज हिन्दुस्तान को इतनी बड़ी अदाकारा नहीं मिलती अगर मैंने फ़ैसला नहीं लिया होता। दोनों की आँखें चमकीं। शौकत आज़मी अपनी रौ में बह रही थीं। –अब क्या बतायें वह ज़माना ही कुछ और था। 1950 के आस–पास की बात है। कैफ़ी साहब सारे दिन पार्टी के कामों में लगे रहते। न रहने का ठिकाना न खाने का। हम दोनों ने जीवन में कई उतार–चढ़ाव देखे हैं। शबाना पेट में थी। मुझसे मारे–मारे फिरना अब मुमकिन नहीं लग रहा था। मुझे ठीक–ठीक याद नहीं शायद उन दिनों बी.टी रणदिबे पार्टी के महासचिव थे। उन्होंने इन्हें बुलाया। हालचाल पूछा। ये जानकर परेशान हुए कि मैं गर्भवती हूँ। उन्होंने कैफ़ी से कहा तुम्हारी ये हालत नहीं कि अभी बच्चे पैदा कर सको। कैफ़ी लौटकर आये तो उदास थे। उन्होंने मुझसे कहा कि हम लोग अभी बच्चे की ज़िम्मेदारी नहीं ले सकते। मुझे काफ़ी गुस्सा आया। मैंने कहा उन्हें झाड़ू मारूँगी। बच्चा मेरा है उसे पैदा करने की इजाज़त पार्टी से नहीं लेनी है। जैसे भी होगा हम पालेंगे। ये क़िस्सा बताते हुए हँसने लगीं। बिटिया अगर मैंने उस वक़्त ये फ़ैसला नहीं लिया होता तो देश एक संवेदनशील अभिनेत्री से वंचित रह जाता। कैफ़ी ने मज़े ले–लेकर क़िस्सा सुना। फिर गम्भीर होकर बोले, देखो इससे ये मत समझना कि पार्टी हमारी ज़िन्दगी के निजी फ़ैसले भी तय करती है। वे मुश्किल भरे दिन थे। हम अपने कॉमरेड के सुख–दुख के हिस्सेदार थे। एक–दूसरे के जीवन में रचे–बसे रहते थे। पर आज न तो पार्टी वैसी रही न ही पार्टी कॉमरेड।

कैफ़ी उस दौर के कम्युनिस्ट थे जो ये मानते थे कि पार्टी का उन पर पूरा इख़्तियार है। वे लम्बे समय तक कम्युनिस्ट पार्टी के होलटाइमर रहे। कैफ़ी की ऊबड़–खाबड़ संकटों और चुनौतियों भरी ज़िन्दगी में एक अन्तर्निहित लय है। शायद इसलिए उनकी शायरी इन्सान और इन्सानियत के हक़ में आवाज़ उठाती रही है।

उन्होंने एक मुसलसल लड़ाई लड़ी। दिल की गहराइयों में डूब कर लिखा। कैफ़ी और उनके पाठकों के बीच गहरे सम्बन्ध हैं। वे उनकी नज़्मों में सीधे उतरते हैं। कैफ़ी की शायरी हिन्दी–उर्दू की साझी सांस्कृतिक विरासत का सबसे अहम सबूत है।

दोनों बहनों ने पूरा दिन उनके साथ गुज़ारा था। उनकी स्मृतियों में वे दिन आज भी हरे हैं। उनकी बातें ख़त्म ही नहीं हो रही थीं। शाम हो गयी थी। उन्हें मुशायरा के लिए जाना था। वे बाहर निकल आयीं। आसमान पर सूरज की पीली परत फैली थी। हवा में हल्की खुनकी थी। दोनों बहनें हॉल पहुँच कर उनका इन्तज़ार करने लगीं। एक बड़े से कमरे में कालीनों पर कोई 15–20 का मजमा लगा था। कमरे की रौशनी कुछ धुँधली थी, मगर संदल और इत्र की गाढ़ी ख़ुशबू हवा में तैर रही थी। बहुत बारीक़ धुएँ की लकीरों के साथ शम्मा धीमे–धीमे जल रही थी। कैफ़ी आये। महफ़िल में जान आ गयी। अजीज़जाने–गिरामी, इरशाद फरमाएँ–सब सुनने को तैयार हैं। अब इन्तज़ार की ताब नहीं। कैफ़ी बड़ी अदा से मुस्कराये। भई पहले हम इन बच्चियों का शुक्रिया अदा करते हैं। सारे दिन दोनों ने मिलकर हमारी खिदमत की। फिर वे लोगों की तरफ़ मुख़ातिब हुए और निहायत दिलकश अन्दाज़ में नज़्म पढ़ी...

आज की रात बहुत गर्म हवा चलती है
आज की रात न फुटपाथ पे नींद आयेगी
सब उठो, मैं भी उठूँ तुम भी उठो तुम भी उठो
कोई खिड़की इसी दीवार में खुल जायेगी।

ये ज़मीं तब भी निगल लेने को आमादा थी
पाँव जब टूटती शाखों से उतारे हमने
इन मकानों को ख़बर है न मकीनों को ख़बर
उन दिनों की जो गुफ़ाओं में गुज़ारे हमने।

हाथ ढलते गये साँचों में तो थकते कैसे
नक़्श के बाद नये नक़्श निखारे हमने
की ये दीवार बुलन्द और बुलन्द और बुलन्द
बाम–ओ–दर और ज़रा और निखारे हमने।

आँधियाँ तोड़ लिया करती थीं शामों की लौएँ
जड़ दिये इस लिए बिजली के सितारे हमने
बन गया कस्र तो पहरे पे कोई बैठ गया
सो रहे ख़ाक पे हम शोरिश–ए–तामीर लिए।

अपनी नस–नस में लिए मेहनत–ए–पैहम की थकन
बन्द आँखों में इसी कस्र की तस्वीर लिए
दिन पिघलता है इसी तरह सरों पर अब तक
रात आँखों में खटकती है सियाह तीर लिए।

उनकी नज़्म पर कुछ सिर झुकाये, कुछ निगाहें उठाये वल्लाह, सुब्हानल्लाह, वाह–वाह कह रहे थे। दोनों बच्चियाँ सुन रही थीं, भीग रही थीं, डूब रही थीं। विदा होते समय कैफ़ी ने उनकी डायरी में लिखा बिटिया निवेदिता और जोना के लिए... चन्द क़तरे। आज भी वो डायरी उसके पास सुरक्षित है। पुखराजी सुनहरी रौशनाई में ख़ूबसूरत हर्फ़ उन दिनों के गवाह हैं।

पीछे मुड़कर देखती हूँ तो चन्द्रशेखर वैसे ही मुस्कराता नज़र आता है जैसे वह आज से 32 साल पहले मिला था। वह कहीं रहता ख़त ख़ूब लिखता। आज उसके ख़त ही रह गये हैं पास में। हमेशा लगता है कि वह देख रहा है मुझे। स्वप्न से भीगी आँखें। मैंने उसकी आँखों को अपनी हथेली में छुपा लिया। निवेदिता! अरे तुम पहचान गये। वह हँसने लगा। तुम्हें महसूस करने के लिए आँखों की ज़रूरत नहीं है। अच्छा जी डॉयलॉग मत मारो। नहीं सच कह रहा हूँ। ठीक है बाबा...तुमसे पार पाना मुश्किल है। सुनो कुछ कहना है। मैं धीरे से बोली। मेरे चेहरे का रंग सुर्ख़ हो गया। पता है मुझे! क्या?

तुम शादी करने वाली हो। हाँ पर तुम्हारा रंग क्यों उड़ा है। तुम ख़ुश नहीं हो। वह हँसने लगा। पागल हो क्या हम ख़ुश क्यों नहीं रहेंगे। पर दोस्त के जाने का ग़म तो रहेगा। अरे हम कहाँ जा रहे हैं आज। उस दिन वह गया तो कई महीने नहीं आया। उसकी चिट्ठी मिली।

मेरे दोस्त मेरे यार

मेरे चन्दू! कोई दिन ऐसा नहीं होता जब तुम याद नहीं आते। कल तुम्हारा जन्मदिन है। हमेशा की तरह हम दोस्त कल जमा होंगे। मैंने ज़िन्दगी से इतनी मुहब्बत करते हुए बहुत कम लोगों को देखा। तुम कहते थे मैं अपनी ज़िन्दगी से, या अपने जज़्बों की शिद्दत से नहीं डरता। मैं शिद्दत से प्यार किये बग़ैर ज़िन्दा नहीं रह सकता। तुम पूरी क़ायनात से प्यार करते थे। तुम यक़ीन करते थे उस फ़लसफ़े में जिसने दुनिया को नया रास्ता दिखाया।

दुनिया में बढ़ती ग़ैर–बराबरी के ख़िलाफ़ वैज्ञानिक सिद्धान्त दिये। यह वह दौर था जब हम लोग मार्क्सवाद को समझ रहे थे। हमें लगता था हर अन्याय के ख़िलाफ़ लड़ने का औज़ार है मार्क्सवाद। एक 20–21 साल के नौजवान की आँखों में जो सपने पलते हैं उससे तुम कितने अलग थे। तुम्हारी आँखों में एक रहमदिल और ख़ूबसूरत दुनिया के सपने थे। जिसमें हर आदमी को उसकी धर्म, जाति और नस्ल से नहीं पहचाना जाय उसे उसके मनुष्य होने की गरिमा के साथ जीने का हक़ मिले।

हम अक्सर बातें करते थे। बहस और बहस... बाहर चाँदनी रुई के फाहों की तरह रात के पार चुपचाप बहती। तुम ख़ामोश हो जाते। फिर धीमे स्वर में कहते– ज़िन्दगी का सबसे ख़ूबसूरत हिस्सा तुम किसे कहोगी।

सोचती हूँ आज तुम होते तो इस दुनिया में जो कुछ हो रहा है उसके ख़िलाफ़ हम और ताक़त के साथ लड़ पाते, हम भेद पाते

नफ़रत की दीवारों को। तुम होते तो पूछती हमारे सपनों का क्या हुआ? हमारा फ़लसफ़ा क्या आज के दौर के लिए भी ज़रूरी है। किस तरह लड़ें हम अन्याय और हिंसा के ख़िलाफ़? क्या मार्क्सवाद आज भी इस दुनिया के लिए ज़रूरी है? मेरे सवाल मुझसे टकराकर लौट आते हैं।

मुझे याद है जर्मन इतिहासकार अलब्रेख़्त रिसल की बात जो कहते हैं कि 'भूमण्डलीकरण के पहले आलोचक थे मार्क्स'। उन्होंने दुनिया में बढ़ती ग़ैर–बराबरी के प्रति चेतावनी दी थी। उनकी चेतावनी के बावजूद समाजवादी खेमा ढह गया और पूँजीवाद लगभग इस पूरे ग्रह पर छा गया। क्या दुनिया को फिर 'दास कैपिटल' को पढ़ने की ज़रूरत है जिसने एक समय कई देशों और करोड़ों लोगों पर राजनीतिक और आर्थिक रूप से निर्णयात्मक असर डाला था। मेरे दोस्त चन्द्रशेखर क्या अच्छा हो कि हम फिर से ज़िन्दगी की बात करें। हम फिर से उन सपनों को पूरा करें जो हम सब ने साथ–साथ देखे थे। रात बह रही है धीमे–धीमे। तुम कहते थे ये वो जगह है जहाँ से दुनिया शुरू होती है। मेरे दोस्त! मैं आसमान में चमकते सितारों में तुम्हें तलाश रही हूँ, चिरप्रतीक्षित स्मृति लहरियों में बह रही हूँ।

करोगे याद तो हर बात याद आयेगी

मेरे जीवन का लम्बा समय पटना में ही बीता है। और लगता है जीवन के आख़िरी दिन भी यहीं बीत जायेंगे। पापा नौकरी में थे तो हम सब उनके साथ वहाँ–वहाँ होते जहाँ–जहाँ उनका तबादला होता। फिर एक अरसे से वे यहीं रहने लगे। मैंने अपने देश को देखा, जाना है। दुनिया के कुछ हिस्से भी घूम आयी हूँ। पर जो बात अपने शहर में है वो बात और कहाँ। दरअसल कोई देश, गाँव या शहर वहाँ के लोगों की वजह से अच्छा लगता है। वे लोग जो आपसे जुड़े हों, जिस शहर को आपसे मुहब्बत हो, आपके सुख–दुख का हिस्सेदार हो। वह शहर चाहे कितना भी बेरंग हो उसकी मिट्टी, उसकी हवा और पानी में आप ख़ुद को पाते हैं, आप उसकी हरारत महसूस कर सकते हैं। यूँ देखिए तो हमारा शहर निहायत साधारण है ...सड़कें बहुत चौड़ी नहीं हैं। बेतरतीब दुकानें, गाड़ियाँ, रिक्शा, ठेला और गायें सड़कों पर ही रहती हैं। आप सड़क पर चलना चाहें तो आप चल नहीं सकते। हॉर्न और गाड़ियों के शोर से मन घबरा जाये। क्या आप एक ऐसे शहर की कल्पना कर सकते हैं जिसमें बाग़ न हों, पेड़–पौधें न हों, पत्तियों की सरसराहट और चिड़ियों की चहचहाहट सुन न पायें। यहाँ मौसम का फ़र्क़ सिर्फ़ आसमान में नज़र आता है या फिर मन्दिर में बिकने वाली फूलों की टोकरियों से। गर्मियों के मौसम में सूरज मकानों को सुखा देता है और दीवारें गर्द से भर जाती हैं। पतझड़ के दिनों में हमारा शहर दलदल में तब्दील हो जाता है। फिर भी ये शहर प्यारा है मुझे। मेरी धड़कनों में बसा है।

40 साल गुज़र गये इस शहर में रहते हुए। इन 40 सालों में शहर भी बदल गया और उसकी रफ़्तार और चाल भी। इसका मिज़ाज भी बदला और तहज़ीब भी।

पटना गंगा के दक्षिणी तट पर स्थित है। गंगा नदी नगर के साथ एक लम्बी तट रेखा बनाती है। जिसके तीनों ओर नदियों का घेरा है। गंगा, सोन नदी और पुनपुन उसके पहलू में है। कभी वक़्त था जब सड़क किनारे पलाश के लाल–लाल फूलों वाले घने दरख़्त और नारियल के झुण्ड और गंगा की लहरें जगमगाती रहती थीं। शहर के बीचों–बीच एक कॉफ़ी हाउस था। जिसमें राजनीति, कला और पत्रकारिता के तमाम क़िस्से लहराया करते थे। पटना कालेज गंगा के किनारे बसा है। उन दिनों गंगा कालेज के सीने से लगी–लगी बहती थी। काली घाट आज भी मशहूर है। पहले इतनी भीड़ नहीं थी। कालेज के बाद हम सब घाट के सिम्त जाने के लिए सीढ़ियों से उतरते और वहीं मजमा लगाते। दूर–दूर तक नारियल के झुण्ड हवा में सरसराते। झिलमिलाते पानी के रंग सुर्ख़ सूरज सा हद्दे नज़र तक फैलती चली जाती। कहते हैं पहले पटना का नाम पाटलिग्राम या पाटलिपुत्र था। पाटलिग्राम में गुलाब (पाटली का फूल) काफ़ी मात्रा में उपजाया जाता था। गुलाब के फूल से तरह–तरह के इत्र, दवा बनाकर उनका व्यापार किया जाता था इसलिए इसका नाम पाटलिग्राम हो गया।

लोक कथाओं में, राजा पत्रक को पटना का जनक कहा जाता है। उसने अपनी रानी *पाटलि* के लिए जादू से इस नगर का निर्माण किया। इसी कारण नगर का नाम *पाटलिग्राम* पड़ा। *पाटलिपुत्र* नाम पतली ग्राम से ही पड़ा। कहते हैं पटना नाम पटनदेवी (एक हिन्दू देवी) से प्रचलित हुआ है। एक अन्य मत के अनुसार यह नाम संस्कृत के पत्तन से आया है जिसका अर्थ *बन्दरगाह* होता है। मौर्यकाल के यूनानी इतिहासकार मेगस्थनीज ने इस शहर को *पालिबोथरा* तथा चीनीयात्री फाहियान ने *पालिनफू* के नाम से सम्बोधित किया है। यह ऐतिहासिक नगर पिछली दो सहस्राब्दियों में कई नाम पा चुका है–ऐसा समझा जाता है कि पटना नाम शेरशाह सूरी के समय से प्रचलित हुआ।

क़िस्से हज़ार हैं पर हम लोगों ने जो पटना देखा वो आन्दोलन और कला की ज़मीन रही है। पटना कालेज के सामने पीपुल्स बुक हाउस हुआ करता था। जो इश्क़ और क्रान्ति का गवाह रहा वर्षों तक। वहीं मैं नागार्जुन से मिली। वहीं आलोक धन्वा, अरुण कमल समेत सभी साहित्य से जुड़े लोगों का जमावड़ा रहता। वहीं अरुण जी की कविता 'अपनी केवल धार' पढ़ी...

अपना क्या है इस जीवन में
सब तो लिया उधार
सारा लोहा उन लोगों का
अपनी केवल धार।

वहीं आलोक धन्वा की कविता 'गोली दागो पोस्टर' का पाठ किया...

जिस ज़मीन पर
मैं अभी बैठकर लिख रहा हूँ
जिस ज़मीन पर मैं चलता हूँ
जिस ज़मीन को मैं जोतता हूँ
जिस ज़मीन में बीज बोता हूँ और
जिस ज़मीन से अन्न निकालकर मैं
गोदामों तक ढोता हूँ
उस ज़मीन के लिए गोली दागने का अधिकार
मुझे है या उन दोगले ज़मींदारों को जो पूरे देश को
सूदख़ोर का कुत्ता बना देना चाहते हैं।

पटना ने ज़िन्दगी के कई रंग दिये। पटना ने जीना सिखाया और लड़ना। कितनी हसीन तर्ज़–तामीर है यह। आप पटना के पुराने मकानों को देखें। सुर्ख़ फूलदार पर्दों वाले कमरों में जिसके बाहर पहाड़ी गुलाब खिले थे और दूर आबशारों की आवाज़ आती थी वही पटना हमारा पटना है। आपको यकीं नहीं है तो ज़रा तारीख़ की नज़रों से देख लें।

एक धड़कता हुआ शहर

पटना मेरे लिए ईंट और गारे–मिट्टी से बना एक शहर नहीं है। पटना मेरे लिए धड़कता हुआ दिल है। जिसके सीने में जाने कितने राज दफ़न हैं। मेरे सपने, मेरी आवारगी, मेरी मुहब्बत और मेरे संघर्षों के दिनों की यादों से लबरेज़ ये शहर हमारा ही तो है। इसी शहर ने ज़िन्दगी को देखना सिखाया। इसी शहर ने दर्द दिये और दर्द पर मरहम लगाया। जब कभी मेरा मन उचाट होता मैं गंगा के किनारे बैठ जाती। दुनिया के शोर से परे, अपनी रौ में बहती रहती। गर्मी के दिनों में पानी की खोज में हिमालय के परिन्दे जाने कितने देशों से उड़कर आते। धोबन चिड़िया, पहाड़ी मैना, लाल चोंच वाला गुल, नीले रंग के नूरपोश सब आते। उन दिनों गंगा का पानी इतना मीठा था कि परिन्दे दूर–दूर से पानी पीने आते। पटना ऐसा ही है। इसकी संस्कृति, इसका इतिहास अलग–अलग रंगों से भरा हुआ।

जो लोग पटना का इतिहास जानते हैं उन्हें पता है कि पटना पर बंगालियों, सिखों, मुसलमानों, जैन, बुद्ध और ईसाई संस्कृति का गहरा असर रहा है। शुरू में लोग पटना को अज़ीमाबाद के रूप में जानते थे। मुग़ल बादशाह औरंगज़ेब ने अपने प्रिय पोते मुहम्मद अज़ीम के अनुरोध पर 1704 में, शहर का नाम अज़ीमाबाद कर दिया, पर इस कालखण्ड में नाम के अतिरिक्त पटना में कुछ विशेष बदलाव नहीं आया। अज़ीम उस समय पटना का सूबेदार था। मुग़ल साम्राज्य के पतन के साथ ही पटना बंगाल के नवाबों के शासनाधीन हो गया। 1912 में बंगाल के विभाजन के बाद, पटना उड़ीसा तथा बिहार की

राजधानी बना। पटना की साझी सांस्कृतिक विरासत देखना हो तो बेगू हज्जाम की मस्जिद, पत्थर की मस्जिद–शेरशाह की मस्जिद, पादरी की हवेली और सबसे पुराना हरमन्दिर साहेब (पटना सिटी) क़िला हाउस (जालान हाउस), महावीर मन्दिर को देखें।

हम जानते हैं शहर सिर्फ़ इमारतों से नहीं बनता। शहर तो लोगों से बनता है। आप अगर किसी शहर को जानना चाहते हैं तो सबसे आसान तरीक़ा है ये जानना कि उसमें रहने वाले लोग किस तरह काम करते हैं, किस तरह प्यार और मुहब्बत करते हैं और किस तरह मरते हैं! हमारे लोग ख़ूब मेहनत करते हैं, फ़सलें उगाते हैं, इमारतें बनाते हैं, छोटे–छोटे कारख़ानों में काम करते हैं फिर भी हम पिछड़े हैं, ग़रीब हैं। ये सब कुछ इसलिए है कि हम एक ऐसे समाज में जी रहे हैं जहाँ ग़रीबी और अमीरी में गहरी खाई है। इसी खाई को पाटने के लिए पटना में कई बड़े आन्दोलन हुए। राजनीतिक और सांस्कृतिक आन्दोलन की ज़मीन रही है पटना।

मुझे याद है '74 के आन्दोलन ने किस तरह पूरे देश को प्रभावित किया। मेरी उम्र 9, 10 साल रही होगी। मेरे पिता मार्क्सवादी हैं। उन दिनों वामपन्थी पार्टियाँ '74 आन्दोलन के विरोध में थीं। जिसका खमियाज़ा वे आज तक भुगत रहे हैं। हमारा घर राजनीति की बहसों के लिए सबसे मुफ़ीद जगह थी। सभी वाद वहाँ जुटते और तीखी बहसें होतीं। उस समय कुछ ख़ास नहीं समझ आता पर मेरे भीतर राजनीति और कला की भूख शायद यहीं से पनपी। मेरे पिता को संगीत से गहरा लगाव है। उन दिनों पटना में दशहरा पूजा की धूम थी... भक्ति और कला का इतना गहरा मिश्रण शायद ही कहीं मिले। पटना की रात ठुमरी, दादरा, यमन समेत अनेक रागों से भरी रहती। भारतीय संगीत पर मौसम का गहरा असर है। राग के गायन की ऋतु निर्धारित है। जैसे भैरव राग का गहरा सम्बन्ध शिशिर ऋतु से है, हिंडोल का बसन्त से। इन सारे रागों को सुनने के लिए उन दिनों पटना से बेहतर कोई जगह नहीं थी। दरअसल यहाँ दशहरा में सांस्कृतिक कार्यक्रमों की लम्बी परम्परा रही है।

इस परम्परा की शुरुआत वर्ष 1944 में मध्य पटना के गोविन्द मित्रा रोड मुहल्ले से हुई थी। बड़े संगीतज्ञों के साथ–साथ बड़े क़व्वाल और मुकेश या तलत महमूद जैसे गायक भी यहाँ से जुड़ते चले गये। मुझे याद है जब पहली बार पण्डित जसराज को सुन रही थी। उनकी तान से चिराग की लौ भी थर्रा गयी। उन्होंने सर उठाकर रौशन आसमान को देखा जिस पर बारहवीं शब का चाँद जगमगा रहा था। चलो गोसाई चलें ...अब चाँद निकल आया था। उनकी आवाज़ की मिठास में लोग झूमते रहे। अब बारी थी सितारा देवी की। उन्होंने फिरकी के मानिंद चक्कर लगाना शुरू कर दिया। उनका जूड़ा खुल गया और लम्बे बाल शानों पर बिखर गये। बिजली सी चमक थी, ग़ज़ब का लोच था बदन में। वो लट्टू की तरह घूम रही थीं ...जैसे ज़िन्दगी के मरघट पर काली नाचती हो ...सब दम साधे देख रहे थे।

1950 से लेकर 1980 तक तो पटना संगीत की नगरी थी। डीवी पलुस्कर, ओंकार नाथ ठाकुर, भीमसेन जोशी, अली अकबर ख़ान, निखिल बनर्जी, विनायक राव पटवर्धन, पण्डित जसराज, कुमार गन्धर्व, बीजी जोग, अहमद जान थिरकवा, बिरजू महाराज, सितारा देवी, किशन महाराज, गुदई महाराज, बिस्मिल्ला ख़ान, हरिप्रसाद चौरसिया, शिवकुमार शर्मा ...बड़ी लम्बी सूची है। 60 वर्ष पहले पटना के दशहरा और संगीत का जो सम्बन्ध सूत्र क़ायम हुआ था वह 80 के दशक में आकर टूट–बिखर गया। मैं याद कर रही हूँ किस तरह संगीत में पूरा शहर डूबा रहता था। मद्धम मग़रिबी मौसीक़ी की आवाज़ आ रही है। अब्र आलूद रात के अँधेरे में जुगनू चमक रहे हैं। मैं सुन रही हूँ *...रात अँधेरी है, बादल गहरे तुम ऐसी रात में आओ ना...*

रेणु से मुलाक़ात

रिक्शा एक मकान के सामने जाकर रुका। काले घुँघराले लम्बे बाल, सफ़ेद धोती–कुर्ते में एक आदमी उतरा और अन्दर चला गया। दरवाज़े पर सुर्ख़ फूलों वाला पर्दा पड़ा था। अन्दर दो कमरे। दूसरी तरफ़ बाबर्चीख़ाना। अमरूद के दरख़्त के नीचे पानी का नल। वह आदमी सीढ़ियों से होते हुए दूसरी मंज़िल पर चला गया। हम बच्चे उसी घर के नीचे खेल रहे थे। बच्चों ने कहा लतिका दीदी के घर कोई आया है। दूसरे बच्चे ने कहा तुम नहीं जानतीं इन्हें! अरे ये वही हैं जिनकी किताब पर 'तीसरी कसम' फ़िल्म बनी है। बच्चे हैरानी से उन्हें देखने लगे। यही हैं 'फणीश्वर नाथ रेणु'। ये बात आज से क़रीब 41 साल पहले की है। पटना के तारीख़ का एक ख़ूबसूरत अध्याय। यह वही जगह है जहाँ हमने ज़िन्दगी का बेहतरीन वक़्त गुज़ारा है।

पहली बार हमने उन्हें यहीं देखा था। उन दिनों मेरे पिता राजेन्द्र नगर में रहते थे। हमारे घर के ठीक बगल में लतिका जी रहती थीं। लतिका जी के बहनोई बुद्धदेव भट्टाचार्य मेरे पिता के दोस्त थे। वे लोग अक्सर लतिका जी से मिलने आते और फिर हमारे घर आते। रेणु जी से तो कभी–कभार ही मिलना होता पर लतिका जी के घर बच्चों का अड्डा रहता। लतिका जी राजेन्द्र नगर के ब्लॉक नम्बर दो में पटना इंप्रूवमेंट ट्रस्ट के मकान के दूसरी मंज़िल पर रहती थीं।

किताबों से मुहब्बत मुझे बचपन से थी। जब रेणु जी के बारे में पता चला तो एक दिन मैं चुपके से उनके घर पहुँच गयी। दबे पाँव चलती कमरे के खुले दरीचे के नीचे पहुँच कर अन्दर झाँका।

कमरे में शाम की पीली धूप चमक रही थी। जिसकी आभा रेणु जी के चेहरे पर पड़ रही थी। उनके हाथों में कोई किताब थी। कमरे में विधानचन्द्र राय, नेहरू और रेणु जी की तस्वीरें। किताबें और नटराज की प्रतिमा।

मैं चुपचाप खड़ी उन्हें निहारती रही। अचानक उनकी नज़र मुझ पर पड़ी। अरे तुम बाहर क्यों खड़ी हो। लतिका देखो कोई बच्ची आयी है। ये कहकर उन्होंने मुझे अन्दर बुलाया। अपनी किताब बन्द कर दी। मुस्कुराते हुए मेरा नाम पूछा। मैंने शरमाते हुए कहा, निवेदिता। वे हँस पड़े। अरे वाह! तुम्हारा नाम बहुत सुन्दर है। बाहर अमलतास की झुकी शाखाएँ हल्की हवा में डोल रही थीं। और मेरी आँखों के सामने हिरामन डोल रहा था।

बहुत बाद में मैंने रेणु को पढ़ा और डूबती रही। उनको पढ़ते हुए लगा कहानी उनके रेशे–रेशे में थी। जितनी बाहर थी उससे कहीं ज़्याद उनके भीतर थी। उनकी सारी कहानियाँ और उपन्यास के पात्र जैसे हम सबके आसपास बिखरे पड़े हैं। चाहे *रसप्रिया* हो या *तीसरी कसम, लाल पान की बेगम* हो या *पंचलाइट* हो रेणु हिन्दी में नयी कहानी की विशेष धारा हैं। जिसमें आंचलिकता की ख़ुशबू है। उन पर बहुत कुछ लिखा जा चुका है। मैं तो उनके बहाने उस पटना को याद कर रही हूँ जिसने रेणु जैसे कथाकार को जिया है। पटना में आज भी मुझे राजेन्द्र नगर का इलाक़ा सबसे ज़्यादा पसन्द है। शायद बचपन और जवानी के दिन ही ऐसे होते हैं कि आप जहाँ रहें वो जगह गुलज़ार रहती है। मेरी यादों में पटना और पटना में राजेन्द्र नगर सबसे ज़्यादा बसा है। जहाँ पुराने शहर की झलक मिल जाती है। सड़क के दोनों किनारे पुरानी ईंटों की इमारतें। जिनकी मेहराबों के नीचे बूढ़े, जवान बात करते मिल जाते हैं। नरम धीमी–धीमी तहज़ीब। यहाँ आज भी अंग्रेज़ी अहद की यादगार इमारतें गर्द–आलूद सड़कों के किनारे खड़ी हैं। वही कचहरियाँ, वही बागात, वही डाकबँगले, वही रेलवे स्टेशनों के ऊँची डाट वाले वेटिंगरूम और पुराने टूटे फ़र्नीचर। अगर आपको पुराना पटना याद हो तो पटना

में ताँगे, बसों और साइकिल और रिक्शा सवारों के रेले गुज़रते थे। तब मोटरकार से सड़कें इस क़दर लहूलुहान नहीं थीं। ऊँचे दरख़्त और गंगा पर बरसती हुई चाँदनी से नहाया हुआ मेरा पटना ऐसा ही था। उर्दू के शायर अदीब, हिन्दी और बँगला के अफ़सानानिगार पटना के गलियों, चौराहों पर मजमा लगाये मिल जाते थे। चन्द मील के फ़ासले पर पटना यूनिवर्सिटी की ख़ूबसूरत इमारतें। किताब की दुकानें। पुरानी चीज़ें पुराने दोस्तों की तरह होती हैं। जिनको देखते हुए हम उन्हें नहीं अपनी गुज़री हुई ज़िन्दगी को देखते हैं।

रेणु की चिट्ठियों से मुलाक़ात

आँखें खुलीं तो खिड़की के बाहर गाछ पर हरी–हरी पत्तियाँ दमक रही थीं। भोर लाल–लाल कुमुद फूलों में लिपटा था। शेफाली और अड़हुल के पौधे फूलों से भरे हुए थे। चारों तरफ़ फूल ही फूल हैं। गुल अब्बास, गेंदा, सूरजमुखी, नीले लाल सफ़ेद गुलाबी फूल आहा प्राणों में बस गये। ये वही जगह है जहाँ फणीश्वर नाथ 'रेणु' आया क़रते थे। बाहर दीवारों पर शीशे में मढ़े हुए रेणु के ख़त टँगे हैं। मैं उनकी लिखावट देख रही हूँ। ख़त पढ़ रही हूँ। फारविसगंज की मशहूर कोठी। जहाँ कभी साहित्य और राजनीति के कई रंग मिलते थे। नम मिट्टी की सोंधी ख़ुशबू और ताज़गी फ़िज़ा में बसी हुई है।

मैं उन्हें महसूस कर रही हूँ। वे यहाँ की मिट्टी की ख़ुशबू में रचे बसे हैं। कमरे के बाहर उनके हर्फ़ झिलमिला रहे हैं। सुलग रहे हैं ...मैं देख रही हूँ उन दीवारों को, ईंट मिट्टी से बने इस घर को। रेणु से मेरी पहचान इस क़दर गहरा गयी है कि मैं हाथ बढ़ा कर उनकी हरारत महसूस कर सकती हूँ। मैंने सतहों के नीचे झाँकने की कोशिश की है जिससे रेणु आख्यान की छवियाँ उजागर हो सकें। रेणु की यादें जहाँ–जहाँ, मैं वहाँ–वहाँ हूँ। दौर कोई हो शब्द की तरह लेखक ज़िन्दा रहते हैं। मैं उनके ख़त पढ़ रही थी कि बाबूजी मिल गये।

बाबूजी गुनगुनी धूप का मज़ा ले रहे हैं। किताबें और फूलों के बीच।

क्या रेणु यहाँ रुकते थे? हाँ बहुत बार!

ऐनक के भीतर उनकी आँखें चमकती हैं।

यादें चुपके से हमारे पास ठहर जाती हैं।

रेणु जी को मेरे भाई साहब बहुत प्यार करते थे।

दोनों में ग़ज़ब की मुहब्बत थी।

अजब आज़ाद इन्सान थे और फ़नकार भी।

घोर निराशा और हताशा के बीच भी अफ़सानों, लेखों और पत्रों के ज़रिये वे सृजन में जुटे रहे।

बाबूजी को लोग यहाँ विद्या बाबू बुलाते हैं। विद्या सागर गुप्त मेरे लिए मेरे पिता की तरह हैं। मेरी दोस्त रुचिरा के पिता। जानेमाने सोशलिस्ट बालकृष्ण गुप्त उनके बड़े भाई थे। रेणु की ख़ूब छनती थी उनसे। बालकृष्ण गुप्त और समाजवादी नेता राममनोहर लोहिया गहरे मित्र थे। उनके घर की दीवारों पर गाँधी से लेकर लोहिया की तस्वीरें लगी हैं। मैंने ऐसे मारवाड़ी परिवार कम देखे हैं जिनके जीवन में किताबें महत्त्वपूर्ण हों। एक बड़ा कमरा किताबों से भरा है।

ये लोग मुख्यतः पटसन और कपड़े का व्यापार करते थे। इनके दादाजी 1890 के आसपास कमाने के लिए जोरहट (आसाम) गये फिर कोलकाता। कोलकाता में अपनी गद्दी कायम की। व्यापार बढ़ने लगा तो बिहार के फारविसगंज में गद्दी कायम की। 1940 में इन लोगों ने चावल मिल की स्थापना की। इस घर के इतिहास को जानना इसलिए ज़रूरी है कि राममनोहर लोहिया से लेकर रेणु तक की यात्रा ने इस जगह और इस गाँव को नयी ज़मीन दी। उनकी ज़िन्दगी में रंग भरे। ज़िन्दगी के आख़िरी लम्हे तक रिश्ता बना रहा।

बाबूजी ने अपने अतीत को सहेज कर रखा है। इस पर न धूल चढ़ने दी, न खरोंच आने दी। परेशानियों, तकलीफ़ों और भयावह आर्थिक संकट के दौरान रेणु ने जब–जब उन्हें याद किया उनका परिवार उनके साथ रहा। *10 मार्च 1978 को अपने लिखे एक पत्र में रेणु ने लिखा–मैं अच्छी तरह हूँ–यदि इसी को "अच्छी तरह" रहना कहा जाता है। स्वर्ग का सुख भोग रहा हूँ और क्या चाहिए।*

मनुष्य योनि में जन्म लेकर धन्य हो रहा हूँ। आपसे मिलने की उत्कट अभिलाषा मन में सदा बनी रहती है। किन्तु, जिस कारण से मुँह नहीं दिखला पा रहा हूँ वह आप भली भाँति समझते होंगे। ये दिन रेणु के मुश्किल दिन थे। पैसे की तंगी हमेशा रहती थी। ऐसे समय में पूरा परिवार रेणु की मदद के लिए तैयार रहता था। दुनिया के इतिहास ने ये बताया है कि महान साहित्यकारों, लेखकों और कलाकारों ने कितनी गुरबत में दिन काटे हैं। अगर एंगिल्स नहीं होते तो शायद मार्क्स दुनिया के महान चिन्तक नहीं बनते। अगर बाबूजी का परिवार नहीं होता तो शायद 'रेणु' की ज़िन्दगी और कठिन होती। उनकी चिठ्ठियाँ बताती हैं जीवन के अन्तिम दिनों तक वे लोग रेणु की ज़िन्दगी के अहम हिस्सा थे। रेणु अपने विचारों में, व्यवहार और आचरण में घरेलू ज़िन्दगी का बहुत एहतराम करते थे। वे लिखते हैं–*पिछले एक माह से अख़बार पढ़ना और रेडियो सुनना बन्द है। चिट्ठी पतरी भी कहीं से नहीं आती, न किसी को लिखता हूँ। ऐसे में आपका पत्र होली के पहले पाकर मन में एक अजीब–सी गुदगुदी लग रही है। मन के किसी कोने में ठेसू खिल उठता है। रंग गुलाल उड़ने लगते हैं।*

ऐसे कई ख़त हैं जिससे हम अपने महान अफ़सानानिगार को समझ सकते हैं। इन ख़तों से रेणु की व्यक्तिगत ज़िन्दगी, सोच और साहित्य के बारे में कई संकेत मिलते हैं। रेणु अजीब कैफ़ियत से गुज़र रहे थे। वे दिन गहरी आत्मपीड़ा के दिन थे। जहाँ से उम्मीद थी वहीं से अँधेरा पसरा था। अँधेरे के सुलगने के इन्तज़ार में वे जूझते रहे। वे लिखते हैं–*यहाँ की सारी बातें और अपने दिल दिमाग़ पर जो गुज़र रही है, उन्हें पत्र में लिख कर बता नहीं सकता...,बस यही समझ लीजिए कि असाध्य साधना कर रहा हूँ। नहीं तो और क्या? गृहस्थी की तत्कालीन ज़िम्मेदारियाँ, लेखकीय कर्तव्य और शारीरिक स्वास्थ्य–इन सब को एक साथ निभाने के क्रम में ...ज़्यादा ''ट्रेंक्विलाइजर'' (Tranqiliser) लेना पड़ रहा है।* ऐसे तमाम ख़त वे दस्तावेज़ हैं जिससे हम सब रेणु को समझ सकते हैं।

मैं देख पा रही हूँ उन्हें, उनके शब्द मेरे कानों में गूँज रहे हैं। प्यार से लबरेज़ चेहरा, उनका पुरखुलूस लहजा। उनकी चमकती दमकती–बोलती आँखें। जिसे दुनिया ने बहुत बाद में जाना। मेरी मुलाक़ात उनसे वर्षों पहले हो चुकी है। मेरी स्मृतियों में उनका वही रूप बसा है। काले घुँघराले बाल और सफ़ेद धोती–कुर्ता। जब मैं उनसे मिली तब क्या पता था कि ये वही 'रेणु' हैं जिसे दुनिया महान कथाकार फणीश्वर नाथ रेणु के नाम से जानती है। मैं डूब रही हूँ चाहती हूँ, आप भी डूब जायें मेरे प्रिय कथाकार के साथ...

ऐ बाग़बां तुझे क्या-क्या निशान बताएँ

जिन लोगों ने पुराना पटना देखा है वे जानते हैं कि कभी पटना की ज़मीन हरी–भरी और उपजाऊ थी। यहाँ रंग–रंग के फूल उगते थे। सौ साल की उम्र के कई पेड़ थे। झाड़–झंखाड़ के साथ बेला, गुल अब्बास के पौधे लहलहाते थे... पूरा पटना आम के बगीचों से भरा हुआ था। आम ही आम। उसके दरख़्तों में कोयल कूकती रहती थी। अब पटना के बारे में क्या–क्या कहें। मौर्य साम्राज्य के उत्कर्ष के बाद पाटलिपुत्र सत्ता का केन्द्र बन गया। शुरुआती पाटलिपुत्र लकड़ियों से बना था, पर सम्राट अशोक ने नगर को शिलाओं की संरचना में तब्दील किया। इस काल में सबसे उत्कृष्ट समय तब आया जब शेरशाह सूरी ने नगर को पुनर्जीवित करने की कोशिश की। उसने गंगा के तीर पर एक क़िला बनाने की सोची। उसका बनाया कोई दुर्ग तो अभी नहीं है, पर अफ़गान शैली में बनी एक मस्जिद अभी भी है जिसकी सुरमई दीवारें हैं। गुलचीं और गुले मख़मल के गुच्छे आज भी दिख जायेंगे।

पटना का इतिहास जितना सुन्दर और अनोखा है उतने ही अनोखे यहाँ के इतिहासकार रहे हैं। इतिहास उन छोटी–बड़ी वस्तुओं से बनता है जो अपने समय से जुड़ी होती हैं। और समय गुज़र जाने के बाद ख़ुद इतिहास बन जाती हैं। मेरी स्मृति में जो चेहरा है वो निहायत ही ख़ुशदिल और ज़िन्दगी से भरा हुआ। उनसे पहली मुलाक़ात के नक़्श अब भी मेरे दिलो–दिमाग़ में महफ़ूज़ हैं। प्रो. रामशरण शर्मा से पहली बार मेरी मुलाक़ात पटना कालेज में हुई थी।

इतिहास के किसी विषय पर कोई सेमिनार था। सफ़ेद धोती और ख़ादी का कुर्ता, आँखों पर ऐनक। ऐनक के रंग–आलूद शीशों के पीछे अपनी छोटी–छोटी आँखों को सिकोड़ते हुए उन्होंने मुझे ग़ौर से देखा, फिर पूछा इतिहास पढ़ती हो? मेरे जवाब का इन्तज़ार किये बिना उन्होंने कहा... अगर दुनिया को जानना है तो इतिहास ज़रूर पढ़ो।

उन दिनों उनकी मशहूर किताब 'प्राचीन भारत' को सेंट्रल बोर्ड ऑफ़ सेकेंडरी एजुकेशन ने पाठ्यक्रम से हटा लेने का निर्णय लिया था जिसे लेकर देश भर में बहस चल रही थी। ये 1978 की बात है। सेंट्रल बोर्ड ऑफ़ सेकेंडरी एजुकेशन को रामशरण शर्मा की किताब में दिये गये कुछ तथ्यों से परेशानी थी। रामशरण शर्मा की उस ऐतिहासिक खोज से वे सहमत नहीं थे कि वैदिक युग में गोमांसाहार का प्रचलन था। उनकी किताब में पूरी प्रामाणिकता से इस बात के उल्लेख हैं कि पशुचारण–जीवन की प्रधानता के कारण ही वैदिक युग में गोमांसाहार का प्रचलन था। अतिथि के लिए गोधन शब्द का प्रयोग होता था। ऐसे अनेक शब्द वैदिक साहित्य में मिलते हैं जिनसे गोहत्या के प्रचलन और गोमांस के भक्षण का आभास मिलता है।

दिलचस्प ये था कि उनकी किताब पर प्रतिबन्ध लगाने की सिफ़ारिश किसी इतिहास के विशेषज्ञों की समिति ने नहीं की थी बल्कि सेंट्रल बोर्ड ऑफ़ सेकेंडरी एजुकेशन ने की थी... आर. एस. एस. के मुख पत्र 'ऑर्गनाइज़र' ने भी उनके ख़िलाफ़ काफ़ी ज़हर उगला था। शुक्र है कि उस समय उन्हें सिर्फ़ विरोध झेलना पड़ा। आज अगर वे ज़िन्दा होते तो पता नहीं उनके साथ क्या होता? जाने कितनी बातें हैं उनसे जुड़ी ...इतिहास मेरे सामने साबुत खड़ा है। बड़ी शिद्दत के साथ अपने वजूद का एहसास दिलाता है। इतिहास को अगर हम तंग नज़रिये से देखेंगे तो हमें उसकी क़ीमत चुकानी होगी। हमने चुकाई भी है।

रामशरण शर्मा अपने लेखन में जितने पक्के थे उतने ही रसीले थे। उनके पास हज़ार क़िस्से होते। उनकी क़लम और ज़ुबां दोनों तेज़ थीं। लिखना शुरू करते तो इतिहास के सारे गड़े मुर्दे

ज़िन्दा हो जाते, उनका दिमाग़ इतनी तेज़ी से भागता कि अल्फ़ाज़ पीछे रह जाते। परले दर्जे के हठधर्मी थे। आर.एस.एस. समेत सभी हिन्दूवादी संगठन उनके पीछे पड़े थे पर मजाल है कि उन्होंने सच की खोज में कोई कोताही की हो। उन्होंने लिखा कि महाराष्ट्र में ताम्र–पाषाण काल में लोग शव को उत्तर–दक्षिण स्थिति में अपने मकान के फ़र्श के नीचे गाड़ते थे। उस समय भारत तथा अन्यन्त्र क़बीलाई और पशुचारण समाज में गोमांसाहार के ठोस प्रमाण मिलते हैं। देश के विभिन्न भागों में जन समुदाय जब पूरी तरह कृषिक समाज बन गये तब भी कुछ वर्गों में, विशेष रूप से कारीगरों तथा खेतिहर मज़दूरों में ये प्रथा बनी रही।

ये तमाम बातें उन दिनों की हैं जब हम उनसे रोज़ मिला करते थे। मुझे पटना आर्काइब्स के लिए उनसे बातचीत करनी थी। लगभग एक माह तक रोज़ उनके पास जाकर मैंने इतिहास का पुनःपाठ किया। मेरे जीवन के ये सुन्दर पल थे। और दुखद भी। हम वर्षों बाद उनसे तब मिले जब वे जीवन की शाम का इन्तज़ार कर रहे थे। वे बहुत बीमार थे। याददाश्त भी कमज़ोर हो गयी थी। उम्र के आख़िरी पड़ाव पर बहुत से लोग छूट जाते हैं। कम ही लोग थे जो उनका हाल लेने आते। मुझे देखकर ख़ुश हो गये। यादों के बिम्ब उभरे, बिखर गये। मैं अब भूल जाता हूँ। मायूसी के साथ उन्होंने कहा ...उम्र के इस पड़ाव पर यादें अक्सर धोखा दे जाती हैं ...वे हँसे!

अमूमन मैं 12 बजे उनके पास जाती थी। जिस दिन पहुँचने में थोड़ी देर हो जाती वे बेताबी से मेरी राह देखते। मेरे आते ही उनके चेहरे पर ख़ुशी दिखती। थोड़ी नाराज़गी से कहते आज तुमने देर कर दी ...मैं उन्हें मना लेती। फिर जो बातों का सिलसिला चलता तो रुकता नहीं। बोलते–बोलते थकान हो जाती। वे रुक जाते ...मैं पूछती आपको अपने बचपन की बातें याद हैं? वे बचपन की यादों में खो जाते।

एक सितम्बर 1920 में उनका जन्म बरौनी में हुआ। पिता बाबू मुकुट सिंह, माँ का नाम? पेशानी पर बल देते हैं। याद नहीं आ रहा है। मनिला से पूछ लो। मनिला (उनकी पत्नी) हँसती हैं!

माँ का नाम बरतो देवी है। उनकी आँखों में मैं उनका बचपन देख रही थी। वे बुदबुदाये ...मैं दिन भर खेतों में भागता रहता था। मेरे पीछे मेरी माँ भागती रहती अपने सात बच्चों के साथ। मेरी पाँच बहनें और दो भाई हैं। मेरे पिता छोटे किसान थे। उनके पास ज़्यादा ज़मीन नहीं थी। परिवार बड़ा था, आमदनी कम इसलिए बचपन अभाव में गुज़रा। अपने गाँव को अक्सर याद करते हुए कहते दुनिया बदल गयी पर देश की अमीरी–ग़रीबी नहीं बदली। मैं इतिहास को अमीरी–ग़रीबी की नज़र से देखता हूँ। जिधर भी रोटी बुलाती है ग़रीबी उधर चली जाती है। अब तो अमीरी–ग़रीबी का फ़ासला बढ़ गया है।

रामशरण शर्मा की ऐतिहासिक दृष्टि लोकोन्मुख रही है। पूरी ज़िन्दगी उन्होंने इस बात को समझने में गुज़ारी कि इतिहास में आम लोगों की जगह कहाँ है? वे कहते थे आम जनता को इतिहास में सही जगह नहीं मिली। प्राचीन इतिहास में उन्होंने शूद्रों के इतिहास को रेखांकित किया। यह बताने की कोशिश की किस तरह उस समय के समाज ने चालाकी से, बल से हाशिये पर पड़े तबके को शूद्र करार दिया। वे कहते हैं, प्राचीन समय में ही समाज का विभाजन धर्म और जाति के आधार पर हो चुका था। प्राचीन समय में काम के आधार पर जातीय संरचना बनी जिसे वर्ण व्यवस्था के नाम से हम जानते हैं। पहले समाज चार जातियों में विभाजित था जिसे हम ब्राह्मण, वैश्य, क्षत्रिय, शूद्र नाम देते हैं। शूद्रों की स्थिति सबसे दयनीय थी।

वे कहते थे पूरी दुनिया के मूल निवासी आदिवासी रहे हैं। *ये जनजातियाँ खेती पर निर्भर नहीं थीं। उस समय लोगों के खान–पान, रहन–सहन का तरीक़ा अलग था। लोग मूलतः शिकारी थे। गोमांस खाने का प्रचलन था। जो लोग कहते हैं गोमांस हिन्दू संस्कृति का हिस्सा नहीं है वे इतिहास को झुठलाते हैं। महात्मा बुद्ध के आने के पहले तक इतिहास में गोमांस खाने के कई उदाहरण मिलते हैं। महात्मा बुद्ध ने गाय को नहीं खाने का उपदेश दिया।*

उन्होंने एक जगह कहा, "गाय हमारी परम मित्र है, जो हमको औषध देती है, अन्न देती है, धन देती है, बल देती है इसलिए इसको नहीं मारिये। रामशरण शर्मा ने जब कहा कि गोमांस उस समय खाने का प्रचलन था तो उनके ख़िलाफ़ कट्टरपन्थियों के हमले शुरू हो गये। और जब बड़े इतिहासकार प्रो. डी. एन. झा की किताब 'द होली काऊ' बाज़ार में आयी तो हमला और तेज़ हो गया। वे कहते थे कि इतिहास की जाँच–परख तथ्यों के आधार पर होती है। उसे आस्था और धारणाओं से मतलब नहीं। मैं सोच रही थी अगर हमने अपने इतिहास को सही–सही समझा होता और उससे बदला लेने का काम नहीं किया होता तो आज हमारे देश में इतनी हिंसा, इतनी नफ़रत का बाज़ार गर्म नहीं होता। मुझे अपने शहर पर नाज़ है जिसने देश को ऐसा इतिहासकार दिया जिसे हमारी आने वाली नस्ल हमेशा याद करेगी। पटना तेरा शुक्रिया! तेरे सीने में कितने राज़ दफ़न हैं। तू एक–एक कर बयान करती जा। हम जानते हैं तेरा ये घर सुकून का गहवारा है। ज़रा बदला–बदला लग रहा है शायद इसकी यह वजह होगी मैं ख़ुद यकसर बदल चुकी हूँ। फिर भी ये शहर मेरे लिए वो जगह है जहाँ सुकून से ख़ुद को हमआहंग करने की कोशिश करती हूँ। *...ऐ मेरे शहर ये तेरे लिए...*

यही बहार के दिन थे, यही ज़माना था, यही जगह थी, इसी जा पे आशियाना था। ऐ बाग़बां तुझे क्या–क्या निशान बताएँ।

पटना और मेरा लेखन

पटना ने मुझे जीना सिखाया, लिखना सिखाया और मुहब्बत करना सिखाया।

मुझे याद नहीं मैंने कब लिखना शुरू किया। शायद छुटपन से। जब अलिफ, बे सीख रही थी। जब अक्षर पहचानना शुरू किया। जब लिखना समझ में आने लगा तो अपनी कॉपियाँ भरने लगी। शब्द के मायने बनने लगे। शब्द का जादू असर करने लगा। मुझे लिखने में मज़ा आने लगा। दिमाग़ था कि मशीन की तरह हर वक़्त चलता रहता। लिखने लगी तो दुनिया बदलने लगी। ख़यालात बदलने लगे। लिखते हुए ज़िन्दगी को जानने लगी। लिखा तो बाज़ार समझ में आया। लिखा तो मुहब्बत रंग भरने लगी। पहला ख़त लिखा अपने प्रेमी के नाम। हर्फ़ काँपने लगे। जैसे वो मेरे क़रीब बैठा हो। उसका नाम लिखते ही हलक़ सूखने लगा। क़लम बन्द कर दिया। कई दिनों तक लिख नहीं पायी। फिर अपनी सहेली को पकड़ा। स्याही में डूबे क़लम से मुहब्बत छलकने लगी। ख़त तो लिख दिया पर उसके पास जाता कैसे? ख़त के भीतर एक पत्थर का टुकड़ा डाला। उसकी निगाहें मेरे हाथों पर टिकी थीं। मैंने गेंद की तरह ख़त को हवा में उछाला वह गोला दूर जा गिरा। वह चील की तरह झपट्टा मार ख़त लेकर भाग गया। वो ख़त आज भी मेरे लबों पर ज़िन्दा है। बचपन की आँखें कैसे–कैसे ख़्वाब बना लेती हैं। लिखने से मुझे हमेशा पढ़ने जैसा मज़ा आया है। मैंने अपनी ज़िन्दगी के सबसे हसीन पल और सबसे मुश्किल पल लिख कर बिताये हैं। बड़ी तासीर है इसमें।

मेरी क़लम ने मुझे रोज़ी भी दी और मेरे ग़म और तनहाई की दोस्त रही है। लिखने लगी तो किताबों से दोस्ती इस क़दर हुई कि हर्फ़ और मेरे दरम्यान कुछ नहीं होता। जब तक पूरी किताब खँगाल नहीं लेती चैन नहीं पड़ता। उसी दौर में गोर्की की माँ पढ़ी, *मेरा बचपन* पढ़ा, प्रेमचन्द से लेकर रवीन्द्रनाथ ठाकुर को पढ़ा। मार्क्सवाद को जानने की कोशिश की। किताबों ने मेरी दुनिया बदली और आज भी ज्ञान का असली स्रोत मेरे लिए किताबें ही हैं। किताबों ने दोस्त दिये। सारे किताबी कीड़े मेरे दोस्त थे। कोर्स की किताबें तो कम ही हाथ लगतीं पर कविता, कहानियाँ और नज़्म तो हमारी जान हैं। किताबों के बहाने दोस्त जुटते। किताबों के बहाने मुहब्बत पिघलती। किताबों से उसी मुहब्बत के दौर में कैफ़ी आज़मी को सुना और दम साध कर बैठ गयी। उनके अशआर सुनते हुए ऐसा लग रहा था जैसे ख़ून की आँधियाँ चल रही हों...

ये एक मुशायरा की रात थी, जिसमें कैफ़ी आज़मी आये थे। ये क़िस्सा 1984 के आसपास का है। उसी मुशायरे में पहली बार उनसे मिली। सारे दिन उनके साथ–साथ रही। इप्टा ने उनके साथ रहने की ज़िम्मेदारी दी थी। वो दिन मेरी ज़िन्दगी के कुछ ख़ूबसूरत दिन हैं, मेरी डायरी में उनका लिखा हुआ एक छोटा–सा प्यार आज भी चमकता है। एक बेटी को इससे ज़्यादा सुन्दर तोहफ़ा क्या मिलेगा एक पिता से।

कैफ़ी के लफ़्ज़ों की जादूगरी और उनके नज़्मों का कमाल था जिसके असर में पूरा पटना रात भर भीगता रहा।

मुशायरे की वो रात ख़त्म हुई तो वे अगले दिन अपने गाँव के लिए रवाना हुए। बीती रात बारिश होने से सुबह की फ़िज़ा में एक नमी थी। शहर की ओर जाने वाले रास्ते पर बारिश की वजह से थोड़ी फिसलन हो गयी थी।

आज जब उस रात को मुड़कर देखती हूँ तो लगता है कि बीते दिन किसी–न–किसी बहाने पास आ जाते हैं। कैफ़ी को सुनते हुए उनको पढ़ने की ललक पैदा हुई। शायरी से पहले से ही मुहब्बत थी।

उनकी शायरी ने जैसे पूरी दुनिया का दरीचा खोल दिया। आलम ये था कि पूरी दोपहर कभी फ़ैज़ साहब तो कभी साहिर तो कभी मीर तो कभी इंशा के पहलू में बीतता। वे दिन ही ऐसे थे। जवानी के रंगों में जाने क्या–क्या सुलगने लगता है, पर हमें तो किताबें... सुलगाती थीं। साहिर को पढ़ती और आह भरती। कई बार ख़याल आता काश उनके समय में क्यों न पैदा हुई। ये सोचकर अमृता प्रीतम से जलन होती....

तुम्हें उदास–सा पाता हूँ मैं कई दिन से
न जाने कौन से सदमे उठा रही हो तुम
वो शोख़ियाँ, वो तबस्सुम, वो क़हक़हे न रहे
हर एक चीज़ को हसरत से देखती हो तुम
छुपा–छुपा के ख़ामोशी में अपनी बेचैनी
ख़ुद अपने राज़ की तशहीर बन गयी हो तुम....

मुझे लगता साहिर ने मेरे लिए ही ये लिखा है। जलते–बुझते अक्षरों में लिपटी मैं जाने कितने शायरों से मुहब्बत करती रही। उठती जवानी में किस तरह कोई नज़्म किसी के एहसास में उतर जाता है, किस तरह आपको किताबों से मुहब्बत हो जाती है और आप सपने बुनते हैं। मैं साहिर की नज़्मों से लिपट–लिपट रोती। बरसों पहले बहक गये धागे को उधेड़ रही हूँ ...एक सिरा मेरे हाथों में है ...एक सिरा कोई थाम ले...

चन्द्रशेखर, मैं और किताबें

पटना कॉलेज के सामने कभी पीपुल्स बुक हाउस हुआ करता था। अब वाणी प्रकाशन है। किताबें ख़रीदने की आदत वहीं से लगी। दुकान के पीछे ख़ाली जगह थी, वहीं पर आमने–सामने कुछ कुर्सियाँ रहतीं। कत्थई रंग का क़मीज़ पहने एक लड़के ने दुकान के सामने खड़े होकर पत्रिकाओं के ढेर के नीचे से एक जर्द, पुरानी–फटी मैगज़ीन उठायी। मैगज़ीन के कवर पर रूसी क्रान्ति की तस्वीर थी। उसने उसे उलटा–पलटा। फिर पूछा...कितने की है? 2 रुपये। उसने कुछ और किताबें ख़रीदीं। मैंने पलट कर देखा वो चन्द्रशेखर था। क्या ख़रीद रहे हो? वो चौंका, तुम यहीं हो! हाँ हम भी कुछ किताबें देखने आये हैं, आज रूपा का जन्मदिन है ...रूपा हम सब में सबसे छोटी बहन है। मेरे पास सिर्फ़ पाँच रुपये थे। सोच रही थी उसे क्या दूँ। पाँच रुपये में क्या मिलेगा। उलट–पुलट के देखा बच्चों की पतली–पतली रंगीन किताबें पाँच रुपये में मौजूद थीं।

वे फ़ाक़ाकशी के दिन थे। घर से निकलते वक़्त माँ एक रुपया देती थी जिसमें 50 पैसे बस भाड़ा निकल जाता था। मैंने काफ़ी मुश्किल से पैसे जमा किये थे। चन्द्रशेखर ने कहा अच्छा तो आज रूपा का जन्मदिन है हम भी उसके लिए किताब ले लेते हैं। हम दोनों ने मिलकर एक प्यारी सी किताब ख़रीदी। फिर उसने कहा आज तो खाने का इन्तज़ाम हो गया। मैंने उसकी पीठ पर एक मुक्का लगाया, अच्छा तो इसलिए चलोगे। हम वहाँ से निकलकर फुटपाथ पर आ गये। जाड़े का दिन था। सड़कों पर ख़ूब सारे पीले पत्ते बिखरे पड़े थे।

पिछली रात शहर में तेज़ हवा चली थी। सुबह जब मैं घर से चली थी तो मैंने इन पत्तों को देखा था। कल रात ये पत्ते उड़कर फुटपाथ पर आ ठहरे होंगे। दिसम्बर के दिन हैं और साल के आख़िरी पत्ते उड़ रहे हैं।

हम दोनों पटना कॉलेज के भीतर बहती गंगा के किनारे बैठ गये। बस आने में अभी देर थी। चार बजे आख़िरी बस आती थी। हम गंगा के पीछे छोटे टैरेस पर बैठे थे। बायीं ओर कॉलेज की पुरानी दीवार और कुछ टूटे पत्थर थे, बगल में ऊबड़–खाबड़ मैदान था, जहाँ चूने–सी सफ़ेदी बिछ आयी थी। जब वापस आने लगे, तो वह सीढ़ियों पर उतरता हुआ सहसा रुक गया। एक बात पूछूँ? पूछो! क्या तुम किसी से प्यार करती हो! मैं हँसने लगी। क्यों? क्या तुम्हें मालूम नहीं है? मालूम है पर तुमने कभी कहा नहीं। तुमने कभी पूछा नहीं। वो हाहाहा कर हँस पड़ा। अच्छा है। मुझे भले लगते हैं शकील। और तुम क्या किसी से प्यार करते हो? वो बड़े प्यार से मुस्कुराया ...मुश्किल है, दिल का ठीक–ठीक पता नहीं।

हम सड़क पर आ गये, हमारी बस आ गयी। बाहर सूरज बादलों में छिप गया है। सामने बस की खिड़की के शीशों पर रौशनी का हल्का–सा आभास है। जब दरवाज़ा खुलता है, तो पहले की तरह धूप का टुकड़ा भीतर नहीं आता। सिर्फ़ हवा आती है, और मैली–सी धुन्ध। बाहर सर्दी का धुँधलका है और मेघ से भरा आकाश...

...बस से उतरकर हम घर की तरफ़ चले। मेरे घर के अहाते में तीन पेड़ों का झुरमुट था, हवा चलने से ऊपर की फुनगियाँ एक–दूसरे से उलझ जाती थीं। पेड़ से झरते पीले पत्ते सतह पर हलके–हलके तैर रहे थे। कमरे में घुसते ही चन्द्रशेखर ने रूपा को गोद में उठा लिया। मैंने उसे किताब दी वो ख़ुश हो गयी। माँ हम सब के जन्मदिन में घर पर ही गाढ़े दूध का पेड़ा बनाती थी। मेरी ज़ुबान पर आज भी उसका स्वाद ताज़ा है।

चाय आयी और महफ़िल जम गयी। हमारे घर की कोई गोष्ठी रवीन्द्रनाथ टैगोर को सुने बिना ख़त्म नहीं होती थी। मेरे दोस्त थोड़ा घबराते थे। पर मेरे पिता के सामने क्या कहते।

चन्द्रशेखर इसका ख़ूब मज़ा लेता। तो चाचाजी आज रवीन्द्रो दा अभी तक महफ़िल में आये नहीं। पापा हँसने लगते और दुगुने उत्साह में आ जाते। हम लोग चन्द्रशेखर पर आँख तरेरते। पापा कहते, अच्छा आज टैगोर की एक बहुत प्यारी कविता सुनाते हैं। कविता पाठ शुरू होता तो पापा को किसी तरह की बाधा बीच में पसन्द नहीं थी। माँ को आवाज़ देते। अरे कहाँ हैं आप, कविता सुनिये! सारे काम को छोड़ माँ को तब तक रहना होता जब तक पाठ पूरा ना हो जाये।

कहाँ मिली मैं? कहाँ से आयी? यह पूछा जब शिशु ने माँ से
कुछ रोती कुछ हँसती बोली, चिपका कर अपनी छाती से
छिपी हुई थी उर में मेरे, मन की सोती इच्छा बनकर
बचपन के खेलों में भी तुम, थी प्यारी–सी गुड़िया बनकर
मिट्टी की उस देव मूर्ति में, तुम्हें गढ़ा करती बेटी मैं
प्रतिदिन प्रातः यही क्रम चलता, बनती और मिलती मिट्टी में

कुलदेवी की प्रतिमा में भी, तुमको ही पूजा है मैंने
मेरी आशा और प्रेम में, मेरे और माँ के जीवन में
सदा रही जो और रहेगी, अमर स्वामिनी अपने घर की
उसी गृहात्मा की गोदी में, तुम्ही पली हो युगों–युगों से

...ये कविता मूल बँगला में किस नाम से है याद नहीं, हिन्दी में 'आरम्भ' के नाम से है। पापा ने बँगला में सुनायी थी और हिन्दी में उसका भावार्थ बताया था। हम लोग कविता की ख़ूबसूरती में डूबते–उतराते रहे।

माँ रसोई में भागी। सूरज ढल गया था। आकाश पर काले बादल छा गये थे। हम सब नहीं चाहते थे चन्द्रशेखर जल्दी जाय। माँ ने कहा, खाना खाकर जाना। हम लोग छत पर आ गये। सामने मैदान है, भूरी–सूखी मिट्टी के ऊँचे–नीचे टीलों के बीच हरी–हरी घास की झाड़ियाँ भी, सहसा चलते–चलते वो रुक गया। एक बात कहना है! कहो ना! उसकी आँखें मुझ पर ठहर गयीं, शीरीं ने तुमसे कुछ कहा। नहीं तो। तुम लोग पार्टी क्लास में ख़ूब पढ़े और मस्ती

किये ये ख़बर है मुझे। मैंने उसे हल्का करते हुए कहा। मुझे मालूम था वो क्या कहना चाहता है। दोस्ती ही वो जगह है जहाँ बिना कहे भी आप एक–दूसरे के मन को पढ़ सकते हैं।

–उसकी साँस ऊपर चढ़ती है और बीच में ही टूट जाती है।

मटियाली झाड़ियाँ हवा में सरसराती हैं, मैं उसे गहरी नज़रों से देखती हूँ ... उसके शब्द गले में अटके पड़े हैं। बहुत मुश्किल से कहता है शीरीं मुझे अच्छी लगती है। मैं हँसती हूँ मालूम है मुझे। ये भी जानती हूँ तुम उसे कभी कह नहीं पाओगे। हम ख़ामोशी से एक–दूसरे को महसूस करते हैं। रात के अँधेरे में हमारी बातों का गवाह सिर्फ़ तारे हैं। दूर ऊपर फुनगियों का हरापन सफ़ेद चाँदी में पिघलने लगा है। पत्तों पर रात चाँदी की बूँदों–सी टपक रही है।

काबा मुझे खींचे है कलीसा मेरे आगे

पटना में रहते हुए मुझे जो सबसे ज़्यादा पसन्द है वो है दोस्तों के साथ अड्डेबाज़ी और रिक्शा पर चलना। जब रिक्शा पर बैठती हूँ तो ख़ुद को वाजिद अली शाह से कम नहीं समझती। उस समय दुनिया मेरी होती है और हम सड़कों के बादशाह... 31 अक्टूबर 1984 की बात है। मेरे नाटक का रिहर्सल था। घर से लगभग 5 किलोमीटर दूर थी वो जगह जहाँ हम लोग नाटक का रिहर्सल करते थे। मैंने रिक्शा ले लिया। दोपहर की कुम्हलाई धूप में पेड़ों के हरे पत्ते चमक रहे थे। दोनों तरफ़ घने पेड़, बीच टुकड़ों में चलता आकाश।

जर्द पत्ते गर्द के रक्साँ भँवर में चक्कर काटते जा रहे थे। मुझे पुराने गीत याद आ रहे थे *...अटारी पर गिरा कबूतर आधी रात*। वीरान सड़कों के पास ईंटों से लदे ट्रक खड़े थे। सीमेंट की बोरियों की गर्द उड़ रही थी। पुल के नीचे की ख़ाली जगह ग़रीबों का रैन बसेरा है। नंगी ज़मीन पर लोग सो रहे हैं। सामने बड़ी–बड़ी इमारतें उनकी ग़रीबी पर हँस रही हैं। सड़क के किनारे उजाड़ मकानों को देख रही थी जिसमें जानवर भी नहीं रह सकते पूरा का पूरा कुनबा सो रहा था। सरकण्डे और मिट्टी से बनाये घर में जब हवा घुसती तो तेज़ी से सनसनाने लगती। मुझे मालूम है कि ये जगह दुनिया की सारी परेशां–हाल लोगों के लिए मुफ़ीद है। मेरे शहर की ये ख़ास बात है सारे दाग़ रात अपने दामन में छुपा लेती है। मुझे अपने शहर की आदत पड़ चुकी है। इसकी ग़रीबी और बदसूरती से भी मुहब्बत है। उदास और बेरंग मेरा शहर रेत और धूल से लिपटा है।

इमारतें गर्द–आलूद सड़कों के किनारे ख़ामोश खड़ी हैं। छोटे–छोटे मन्दिर, मस्जिद, शिवाले, लड़कों, लड़कियों के होस्टल।

रात के आसमान पर तारे चमक रहे थे। मैं उन किताबों को छू रही थी जो शकील दे गये थे। दो क्रान्तिकारी आपस में मिल रहे थे। भगत सिंह बचपन से हमारे हीरो थे। शायद सारे नौजवानों के हीरो। मैं भगत सिंह को पढ़ रही थी और धीरे–धीरे उस फ़लसफ़े में उतर रही थी। परत–दर–परत उनमें झाँकते हुए उनके साथ मेरी दोस्ती हो रही थी। मैं सोच रही थी एक 23 साल का नौजवान दुनिया को कितनी गहराई से समझ रहा है। उनका लिखा हुआ मजमून मेरे भीतर भी ज़िन्दगी को देखने और सोचने का नया नज़रिया दे रहा था। पढ़ते हुए भगत सिंह से मेरी पहचान इस क़दर गहरा गयी कि मैं हाथ बढ़ाकर उनकी हरारत महसूस कर रही थी। हम दोनों के बीच एक अन्तर्निहित लय थी। उनके लिखे हुए शब्द झिलमिला रहे हैं। भगत सिंह मेरे क़रीब आये और पूछा क्या तुम ईश्वर के अस्तित्व में यकीन करती हो? मैंने उनकी आँखों में आँखें डालते हुए कहा अभी पढ़ रही हूँ आपको। सवालों से जूझ रही हूँ। वे हँसे कहा,–बिना किसी ख़ोज के किसी बात पर यूँ ही यकीन नहीं करना। मैंने हँसते हुए कहा–दोस्त, अभी तुम्हें ही पढ़ रही हूँ। ''मैं नास्तिक क्यों हूँ'' किताब मेरे सामने पड़ी है और मैं उसमें डूब रही हूँ।

''मुझे विश्वक्रान्ति के अनेक आदर्शों के बारे में पढ़ने का ख़ूब मौक़ा मिला। मैंने अराजकतावादी नेता बुकनिन को पढ़ा, कुछ साम्यवाद के पिता मार्क्स को, किन्तु अधिक लेनिन, त्रात्स्की व अन्य लोगों को पढ़ा, जो अपने देश में सफलतापूर्वक क्रान्ति लाये थे। ये सभी नास्तिक थे। बाद में मुझे निरालम्ब स्वामी की पुस्तक 'सहज ज्ञान' मिली। इसमें रहस्यवादी नास्तिकता थी। 1926 के अन्त तक मुझे इस बात का विश्वास हो गया कि एक सर्वशक्तिमान परम आत्मा की बात, जिसने ब्रह्माण्ड का सृजन, दिग्दर्शन और संचालन किया, एक कोरी बकवास है। मैंने अपने इस अविश्वास को प्रदर्शित किया। मैंने इस विषय पर अपने दोस्तों से बहस की। मैं एक घोषित नास्तिक हो चुका था।''

इस किताब को पढ़ते हुए मेरे मन में ख़ूब सवाल उमड़–घुमड़ रहे थे। मैं जानती थी ये आसान सवाल नहीं हैं। और इसे जानने के लिए मुझे ख़ुद पढ़ना होगा। उन्हीं दिनों मैं ए. आई. एस. एफ. से जुड़ी। और किताबों से दोस्ती हुई।

अक्सर मीटिंग में शकील से मुलाक़ातें होने लगीं। उन्होंने पूछा– पढ़ रही हैं आप? मैं हँसने लगी। मेरे गुरु मत बनिए। दोस्त बनाना फ़ायदेमन्द है।

मीटिंग ख़त्म हो गयी। हम दोनों साथ निकले। शाम ढलने लगी, ऊपर आसमान में तिरते उजाले का रंग बदलने लगा। मैं उस असाधारण सौन्दर्य को देख रही थी।

उसकी आभा में शकील को।

1980 से 82 का दौर

पटना। गरमी के मौसम के आख़िरी दिनों में और पतझड़ के सारे मौसम में गंगा भरी–भरी ही रहती। क्लास के बाद घड़ी–दो घड़ी साँस लेने हम लोग उसके किनारे बैठ जाते थे। गंगा की कल–कल सुनते हुए आँखें बन्द किये पड़े रहते। दरख़्तों से घिरा पटना कॉलेज के पीछे का वह हिस्सा हम लोगों का आरामगाह था। चमकीली धूप में भी गंगा को छूकर गुज़रने वाली हवा गीली–गीली होती थी। शाम को हवा में खुनकी होती और आकाश खुला होता। जाड़ों में पेड़ों के ऊपर सफ़ेद धुन्ध के फाहे तिरते रहते। मेरी आख़िरी बस पाँच बजे होती। इसलिए चार बजे तक का समय हमारे पास होता। उन दिनों पटना विश्वविद्यालय के पास कई बसें होती थीं। लड़कियों की बस कभी देर नहीं होती न कभी नागा होता। इसकी वजह थी हर लड़की कंडक्टर को चार आने देती थी। हम काफ़ी सस्ते में कॉलेज पहुँच जाते। आज इतने सालों बाद भी पटना कॉलेज वैसे ही खड़ा है। बाँहें पसारे पुराने यार की तरह, जिसके चेहरे पर झुर्रियाँ पड़ी हैं। जैसे उम्र गुज़रते हुए प्यार का निशान छोड़ देती है। मेरा मन कर रहा है कि मैं अपने गुज़रे ज़माने को खींचकर अपने पास बुला लूँ। पूछूँ कि क्या तुम्हें वे दिन याद हैं? तुम ही तो हो हमारे अनुभवों की सारी जमापूँजी के राज़दार। कितने अधूरे हैं हम तुम्हारे बग़ैर। वह हँसा और स्मृतियों के बन्द दरवाज़े से बाहर निकल आया।

1980–82 का वह दौर

सब्ज़ ज़मीन घास से इस तरह ढँक गयी है गोया यह कोई नरम बिस्तर हो। दिन के उजाले में ओस की बूँदें जुगनू की तरह चमक रही हैं। सामने एक नौजवान आ रहा था। मैंने उसे रोका। राजनीतिशास्त्र की कक्षा? सामने है! इस गलियारे के बाद। एक पगडण्डी ऊपर की ओर जाती है। फिर गलियारा, गलियारे से होते हुए राजनीतिशास्त्र की कक्षा। मुझे याद है–कक्षा में जाने के लिए लड़कियाँ अक्सर शिक्षकों का इन्तज़ार करती थीं। सिर्फ़ समाजशास्त्र के क्लास को छोड़कर। वहाँ मामला उलटा था। लड़कियों की तादाद इतनी थी कि लड़के शिक्षक का इन्तज़ार करते थे। राजनीतिशास्त्र में हम तीन लड़कियाँ थीं। मैं, पूनम और कविता। कविता झारखण्ड से आयी थी। काफ़ी तेज़–तर्रार। जीन्स पहनती थी। उन दिनों लड़कियों का पटना में जीन्स पहनना बड़ी बात थी। वह भी को–एड कॉलेज में। क्लास में हमारा पहला दिन था। हम आगे की बेंच पर जाकर बैठ गये। देखा लड़के मुस्कुरा रहे हैं। बोर्ड पर बड़े–बड़े हर्फ़ में लिखा है–कविता मैं तेरे प्यार में कवि हो गया। प्यार का ये इज़हार बड़ा फ़िल्मी था। कविता शर्म से पानी–पानी हो गयी। मैं उठी और बोर्ड पर लिखा यह जुमला मिटा दिया। लड़के ताली बजाने लगे। मैंने मोर्चा सँभाला– कहा कि अगर सच में चाहते हो कि लड़कियाँ भी तुम लोगों से प्यार करें तो पहले दोस्त बनो। यह फ़िल्मी तरीक़ा लड़कियों को रास नहीं आयेगा। मैं पाँच मिनट तक बोलती रही। जब बैठी तो पूरा क्लास ख़ामोश था। उन्हें यक़ीन नहीं आ रहा था कि कोई लड़की इस तरह प्रतिक्रिया दे सकती है। इसका नतीजा अच्छा रहा। उनमें से कई मेरे अच्छे दोस्त बने जो दोस्ती आज तक क़ायम है।

पटना कॉलेज में दाख़िला लेने के पहले मेरा परिचय कम्युनिस्ट पार्टी से जुड़े छात्र संगठन एआईएसएफ से हो चुका था। वह 80 का दौर था। सोवियत संघ के विघटन का दौर। पूरी दुनिया में मार्क्सवाद को लेकर बहस चल रही थी। ग्लासनोस्त और पेरेस्त्रोइका के फ़लसफ़े ने सोवियत संघ की समाजवादी सत्ता को

गहरी चुनौती दी थी। रूस को छोड़कर सभी राज्यों ने ख़ुद को स्वतन्त्र घोषित कर दिया था। सोवियत संघ का विघटन दुनिया के इतिहास के लिए एक नयी परिघटना थी। मार्क्सवादियों के लिए नयी चुनौती। ज़ाहिर है, इसका असर हिन्दुस्तान की कम्युनिस्ट पार्टियों पर भी पड़ा। फिर भी मार्क्सवाद नयी पीढ़ी को आकर्षित कर रहा था। पटना कॉलेज में वाम छात्र संगठनों का दबदबा था। मैं पहली बार वहीं शीरीं से मिली। आमतौर पर ऑनर्स का क्लास आठ बजे से होता था। पर आज क्लास सस्पेंड हो गया। हम लोग गर्ल्स कामन रूम में मस्ती कर रहे थे। अचानक एक पतली–दुबली साँवली लड़की मेरे पास आयी। उसने पूछा तुम निवेदिता हो। मैंने सहमति में सर हिलाया। उसने अपना हाथ आगे बढ़ाते हुए कहा मैं शीरीं। कॉलेज में तुम्हारा स्वागत है! अच्छा लगा मुझे। उसने कहा, क्लास के बाद हम तुम्हें लेने आयेंगे। कुछ नये साथियों से तुम्हारा परिचय होगा। क्लास के बाद शीरीं मुझे कॉलेज के सामने एक किताब की दुकान पर ले गयी। पीपुल्स बुक हाउस। आज वहाँ वाणी प्रकाशन है। किताबों से भरी उस दुकान के भीतर एक और कमरा था। जहाँ एक छोटी–सी मेज़ और कुछ कुर्सियाँ लगी थीं। वहीं मैं अपूर्व समेत कई साथियों से मिली। लम्बा क़द, गोरा रंग, बड़ी–बड़ी आँखें। शीरीं ने परिचय कराया ये अपूर्व हैं। उन दिनों पीपुल्स बुक हाउस वामपन्थी छात्र संगठनों का अड्डा हुआ करता था। क्लास ख़त्म होते ही हम वहीं पहुँच जाते थे। अगर कोई उस दौर का इतिहास लिखे तो पीपुल्स बुक हाउस कई आन्दोलनों और प्रेम सम्बन्धों के बनने–बिगड़ने के इतिहास का साक्षी होगा।

दुनिया में समाजवाद को लेकर जो बहस हो रही थी उसका असर हमारे छात्र संगठनों पर भी था। हम सब के मन में भी ढेर सारे सवाल उठ रहे थे। सोवियत संघ के बारे में कई बातें छन कर बाहर आ रही थीं। कुछ लोगों को इस बात की ख़ुशी थी कि दुनिया के नक़्शे से समाजवाद धराशायी हो जायेगा। ख़ूब गर्मागर्म बहस होती। पार्टी के भीतर ऐसे कम लोग थे जो हमारे मन में उठ रहे सवालों

का जवाब दे पाते। हमारी सबसे बड़ी चिन्ता होती कि कैसे छात्रों को आन्दोलन से जोड़ा जाय। ऐसे सवालों का किस तरह सामना किया जाय? एक दिन तय हुआ कि हम लोग वॉल पेपर निकालें। वॉल पेपर के लिए निश्चित जगह तय की गयी। यह समझ बनी कि हम समाजवाद से जुड़े सवालों के साथ–साथ छात्रों की समस्याओं पर भी ख़बर देंगे। कॉलेज की दीवार का एक कोना चुना गया। जिनके अक्षर सुन्दर थे उन्हें लिखने का ज़िम्मा दिया गया। यह प्रयोग सफल रहा। अब हर रोज़ छात्रों की दिलचस्पी रहती कि आज क्या नयी बहस है।

आन्दोलन के दौरान मेरी और शीरीं की दोस्ती का रंग गहरा होता गया। उससे ख़ूब बातें होती थीं। हम दिन भर साथ–साथ होते। वहीं पास में इप्टा इंडियन पीपुल्स थियेटर से जुड़े कलाकारों का रिहर्सल होता था। कब हम एआईएसएफ में होते कब इप्टा में, पता ही नहीं चलता। हमारे पाँवों में तो घिरनी लगी थी। दोस्तों की क़तार लम्बी होती जा रही थी। विनोद, श्रीकान्त, फ़ौजी, रश्मि, दिलीप और शैलेन्द्र। शैलेन्द्र झारखण्ड से थे। हमेशा हमारी चौकड़ी में शामिल रहते। गहरा साँवला रंग और बड़ी–बड़ी आँखें। फ़ैज़ अहमद फ़ैज़ उसकी ज़ुबान पर रहते। लम्बी–से–लम्बी नज़्म उसे याद रहती थी। आज भी उसका तेवर बदला नहीं है। अक्सर हम जब पस्त होते तो उससे कहते कुछ फ़ैज़ को सुनाओ–वह शुरू हो जाता। उसकी आवाज़ में आज भी हम लोग फ़ैज़ को सुनना पसन्द करते हैं।

निसार मैं तेरी गलियों के ऐ वतन के जहाँ
चली है रस्म के न कोई सर उठा के चले
जो कोई चाहने वाला तवाफ़ को निकले
नज़र चुरा के चले जिस्म–ओ–जां बचा के चले
ग़र आज तुझ से जुदा हैं तो कल बहम होंगे
ये रात भर की जुदाई तो कोई बात नहीं
ग़र आज औज पे हैं ताला–ए–रक़ीब तो क्या
ये चार दिन की खुदाई तो कोई बात नहीं।

आज अगर मुझसे कोई पूछे कि मेरी ज़िन्दगी का सबसे सुन्दर लम्हा कौन–सा था, तो मैं कहूँगी वे दिन जब हम ज़िन्दगी के मायने सीख रहे थे, जब दुनिया को बदलने का सपना देख रहे थे। जब हमें यक़ीन था कि हम कामयाब होंगे। आज इतने वर्षों बाद जब मैं पीछे मुड़ कर देखती हूँ तो लगता है कि कम्युनिस्ट आन्दोलन ने और कुछ दिया हो या न दिया हो, पर जीवनदृष्टि तो दी ही। मानवता के पक्ष में खड़े रहने का साहस तो दिया!

मेरे लिए वह पूरा दौर एक फ़ोटो एलबम की तरह है जहाँ स्मृतियाँ बन्द हैं। आप जब चाहें उन स्मृतियों की ख़ुशबू में भीग सकते हैं। स्मृतियों के पलकों पर समय की रंग–बिरंगी बुंदकियाँ नाचती हैं, फिर वे धीरे–धीरे हवा की तरह गुज़र जाती हैं। जो हमेशा आपका साथ देते हैं वे हैं दोस्त। मेरे जीवन की सबसे बड़ी पूँजी मेरे दोस्त ही हैं। किसी दोस्त का जीवन से जाना कितना दुख देता है इसे वे ही समझ सकते हैं जिन्होंने दोस्त खोया है। हम सब ने चन्द्रशेखर को खोया। क्या पता था कि वह हमारी अन्तिम मुलाक़ात थी। हर बार हम मिलते और जुदा होते। जुदाई के दिन बीच में झर जाते थे। आज भी लगता है वह कहीं से आ जायेगा और पूछेगा कि क्या घर में कुछ खाने को है? मैं नाराज़ होती तो कहता अरे तुम बैठो मैं बना लेता हूँ। बनाता कभी नहीं। सभी दोस्त उसे या तो फ़ौजी बुलाते थे या चन्दू। अक्सर मैं उसे चिढ़ाया करती थी नागार्जुन की कविता पढ़कर–*चन्दू मैंने एक सपना देखा*। वह मुस्कुराता रहता। उसकी हँसी बहुत ख़ूबसूरत थी। बच्चों–सी निश्छल। चन्द्रशेखर अन्तर्मुखी था। अपने बारे में बहुत कम बातें करता था। एनडीए छोड़ने के बाद पटना आ गया था। हम लोग उसके दाख़िले की कोशिश कर रहे थे। सेशन शुरू हो गया था इसलिए उसका दाख़िला होना मुश्किल लग रहा था। चन्द्रशेखर के पिता नहीं थे। माँ उसके जीवन का केन्द्र थी। अक्सर ख़तों में वह माँ को ढेरसारी बातें लिखता जिसमें उसके निजी जीवन की बातें कम होतीं, देश–दुनिया को बदलने की बातें ज़्यादा।

उसकी छटपटाहट ख़तों में दिखती। वह लिखता—इस सड़ी—गली व्यवस्था से मैं कभी समझौता नहीं कर सकता। चन्द्रशेखर ने भारतीय कम्युनिस्ट पार्टी की सदस्यता ले ली और छात्रों के मोर्चे पर जमकर काम करने लगा। सांस्कृतिक गतिविधियों में उसकी गहरी दिलचस्पी थी। उन दिनों सबसे ज़्यादा अड्डा विनोद के यहाँ लगता था। विनोद बीमार थे। बीमार को देखने के बहाने हम वहीं जमे रहते। कविताओं का पाठ होता। कहानियाँ पढ़ी जातीं। चन्द्रशेखर के पसन्दीदा शायरों में से थे पाब्लो नेरुदा और पाश। विनोद के घर के अलावा शीरीं और मेरे घर पर लड़कों का ख़ूब अड्डा लगता। मेरा घर अड्डे के लिए सबसे मुफ़ीद जगह था। मेरे पिता कम्युनिस्ट पार्टी से जुड़े थे। उन्होंने हमें ऐसा वातावरण दिया था कि हम खुल कर बातें करते। बातों में अक्सर माँ, पापा भी शामिल रहते। ऐसा माहौल कम ही घरों में मिलता है जहाँ लड़के और लड़कियाँ खुलकर बातें कर सकें। हम चार बहनें और दो भाई हैं। मैं सबसे बड़ी। मेरी तीनों बहनें कथक सीखा करती थीं। छोटा भाई आशीष तबला बजाया करता था। हमारी शाम संगीतमय हुआ करती थी।

यह वह दौर था जब इप्टा में लड़कियों की अच्छी तादाद थी। रश्मि, शम्पा, कविता, सोना, मोना, रूपा, शुभा, माया समेत कई लड़कियों की उपस्थिति ने इप्टा को सांगठनिक मज़बूती दी थी। रश्मि अच्छी अभिनेत्री थी। अलका की आवाज़ में ख़ूब खनक थी। अगर उसने संगीत को समय दिया होता तो शायद उसकी गायकी पर दुनिया को नाज़ होता। इप्टा से जुड़ने के बाद मैंने अपनी तीनों बहनों को जोड़ा। शम्पा और कविता समेत कई लड़कियों को हम संगठन से इसलिए जोड़ पाये कि इप्टा और एआईएसएफ ने विश्वविद्यालय में अपनी गहरी पहचान बनायी थी। आज रंगमंच में अच्छी अभिनेत्रियों की कमी खटकती है। इसकी बड़ी वजह है कि महिलाओं को जोड़ने की कभी सार्थक पहल नहीं की गयी, न ही वैसे नाटक किये जा रहे हैं जिनमें अभिनेत्रियों को जगह मिले।

चन्द्रशेखर उन दिनों अक्सर हमारे घर आया करता था। जब सब दोस्त साथ होते तो कई मसलों पर जमकर बहस होती। धर्म, जाति, प्रेम जैसे तमाम मुद्दे हमारी बहस के केन्द्र में होते। हम लोग उन दिनों गदर्नी बाग़ में रहते थे। घर से लगा बड़ा–सा टैरेस था। अक्सर गर्मियों में हम सब की शाम छत पर गुज़रती। सामने खुला मैदान था। शाम हो गयी थी और मेरे सारे दोस्त जमे हुए थे। उन दिनों घर पर नानाजी आये हुए थे। हम लोग गप्प में मशगूल थे। मौसम ख़ुशनुमा था। दरख़्तों पर परिन्दे रात का बसेरा लेने के पहले ज़ोर–ज़ोर से चहचहा रहे थे। हवा पेड़ों के झुरमुट में साँय–साँय कर रही थी। हम लोग मौसम का मज़ा ले रहे थे कि नानाजी ने पूछा कि तुम्हारे दोस्त कभी घर नहीं जाते? फिर उन्होंने सबसे कहा कि तुम लोग विद्यार्थी हो, पढ़ने के समय में पढ़ा करो।

उस दिन उन्होंने सबका जमकर क्लास लिया। हम रुआँसे हो रहे थे। पता नहीं उन लागों को कितना बुरा लगा होगा। हमें लगा नानाजी के रहते ये लोग नहीं आयेंगे। पर मज़ा तब आया जब सब दोस्त फिर आये और नानाजी से दोस्ती कर ली। चन्द्रशेखर की नानाजी से सबसे ज़्यादा पटती थी। वह उनकी बातें ख़ूब ग़ौर से सुना करता था। एक दिन उन्होंने उससे पूछा तुम कम्युनिस्ट हो? तुम लोग तो धर्म मानते नहीं! कभी रामायण पढ़ी है? उसने कहा पढ़ी है नानाजी। नाना ने पूछा–रामायण अच्छी लगती है? जी! कौन–सा प्रसंग सबसे ज़्यादा अच्छा लगता है? सीता–हरण! नानाजी चौंक गये। क्यों? वह हँसा! तुलसी रामायण में उसका बहुत सुन्दर वर्णन है।

सुनाऊँ–'राम ने जंगल से गुज़रते हुए लक्षमण से कहा–जंगल कितना ख़ूबसूरत है। कौन इसकी ख़ूबसूरती पर फ़िदा नहीं होगा! जब हिरण हमारी आहट पर भाग खड़े होते हैं तो उनकी हिरनियाँ उनसे कहती हैं, डरो नहीं... तुम तो जन्म–जन्म के हिरण हो, लेकिन ये दोनों तो एक सुनहरे हिरण की तलाश में आये हैं... भैया देखो, बसन्त ऋतु कितनी ख़ूबसूरत है! कामदेव सीता के खो जाने की वजह से मुझे उदास देखकर जंगल और शहद की मक्खियों और

चिड़ियों की अयानत से मेरे ऊपर हमला करने आ रहा है। दरख़्तों पर फैली हुई बेलें उसकी फ़ौज के खेमे में हैं। केले और ताड़ के पत्ते उसके अलम, फलों की झाड़ियाँ उसके तीर–अन्दाज़, और कोयल की आवाज़ गोया उसके जंगली हाथी की चिंघाड़ हैं। बगुले और मैना, कामदेव के ऊँट हैं। मोर और राजहंस उसके अरबी घोड़े, पामोज परिन्दे और जंगली तीतर उसके प्यादे हैं... चट्टानें कामदेव के रथ हैं, आबशार उसके नक्कारे, मुअत्तर हवा, उसके जासूस..., लक्ष्मण! जो कामदेव की फ़ौज का मुक़ाबला कर सके वह सचमुच बड़ा जरी है। काम देवता का सबसे बड़ा हथियार औरत है।' नानाजी की आँखों से आँसू टपक रहे थे। वे उसकी आवाज़ के जादू में खोये रहे। जब सँभले तो पूछा यह किसकी रामायण की कथा है। वह हँसने लगा। मैं खींच कर उसे ले आयी। क्या सुना रहे थे? उसने कहा, तुम्हारे नानाजी को आज शीशे में उतार लिया। शुक्रिया अदा करो कुर्रतुल ऐन हैदर का। उनकी कहानी का अंश है। यार तुम्हारी याददाश्त ज़बरदस्त है। मान गये।

आज चन्द्रशेखर की बेतहाशा याद आ रही है। वह ऐसा ही था। अपने भीतर जाने कितनी दुनिया समेटे हुए। हमारी अन्तिम मुलाक़ात अपूर्व के घर हुई थी। जब सीपीआईएमएल ने उसे सीवान में जाकर काम करने का ज़िम्मा दिया था। माँ भी आयी हुई थी। इस बात से परेशान थी कि वह वहाँ काम नहीं करे। माँ ने हम लोगों से कहा कि उसे समझाओ। सीवान में शहाबुद्दीन का आतंक था। आज भी उसका आतंक पूरी तरह ख़त्म नहीं हुआ है। हम लोगों ने कहा, तुम्हें अभी दिल्ली में ही काम करना चाहिए। तुम्हारी वहाँ ज़रूरत है। वह हमारी बातों से दुखी हो गया। उसने पूछा, क्या तुम लोग समझते हो शहाबुद्दीन के डर से हम काम करना छोड़ दें? क्या डर कर राजनीति की जा सकती है? हम लोगों ने समझाया कि डरने की बात कौन कर रहा है, पर लड़ाई लड़ने के पहले अपनी तैयारी करनी चाहिए। वह माना नहीं। उसके कुछ ही दिनों बाद उसकी हत्या की ख़बर आयी। फ़ोन पर शकील की भर्रायी हुई आवाज़ आयी।

बुरी ख़बर है निवेदिता। चन्द्रशेखर नहीं रहा। मुझे समझ नहीं आया क्या बोल रहे हैं शकील। क्या कह रहे हो! यह सच है! वे रो रहे थे, रात के सन्नाटे में मैं पत्थर–सी बैठी रही। कुछ दुख होते हैं, जिसके सामने सिर्फ़ पत्थर हुआ जा सकता है। देर रात तक हम लोग पूरब के घर बैठे रहे। सुबह सीवान के लिए निकल पड़े। समझ में नहीं आ रहा था कि हम माँ का सामना किस तरह करेंगे। माले पार्टी ऑफ़िस में नीचे ज़मीन पर वह पड़ा हुआ था। जैसे गहरी नींद में हो। चेहरे पर चिरपरिचित मुस्कान लिए। कैसी विचित्र बात है, सुखी दिनों में हमें अनिष्ट की छाया नहीं दिखायी देती। जैसे हमें विश्वास हो कि हम ज़िन्दगी भर साथ रहेंगे। उसके जाने के बाद पहली बार हम रोये थे। बेबस, पागलों की तरह। उसकी शव यात्रा में हज़ारों लोग शामिल हुए। जो शामिल नहीं थे वे अपने घरों से, छत की मुँडेरों पर खिड़कियों से देख रहे थे। उस यात्रा में विनोद मिश्र साथ चल रहे थे। दुख से भीगे हुए। मैं उबल पड़ी थी उन पर। चन्द्रशेखर की मौत के लिए आप लोग भी ज़िम्मेदार हैं। बिना किसी तैयारी के आपने उसे यहाँ क्यों बुलाया। उस हत्यारे से लड़ने के लिए निहत्था छोड़ दिया। विनोद मिश्र कुछ नहीं बोले, रूमाल से अपने चश्मे का शीशा पोंछा और बादलों में डूबते सूरज की पीली आभा को देखते रहे। जिसकी महीन क्लान्त छाया चन्द्रशेखर की देह पर पड़ रही थी।

हम लोग कुछ देर वैसे ही अवसन्न राख के ढेर के सामने बैठे रहे। धूप पुरानी बुझी हुई चिताओं की काली क़तार पर चली आयी थी। वह सूनी आँखों से उठती हुई लपटों को देख रहे थे। धुन्ध और धुन्ध में चमकती हुई आकृति। ये माँ थी। उसके आँसू सूख गये थे। जैसे सागर ने अपना सारा जल त्याग दिया हो। माँ ने कहा, तुम्हें बोलना होगा मेरी बच्ची। मेरे कानों में माँ के शब्द गूँज रहे हैं। बोलो मेरी बच्ची बोलो! अपने दोस्त के लिए! न्याय के लिए! उन आने वाले तमाम दिनों के लिए–आँसुओं से भरे गले से मैंने ऊँचे स्वर में कहा– वे हत्यारे फिर शिकार पर निकले हैं, आज हमारी सड़कों पर तबाही मचा रहे हैं। वह देखो जो शैतान की तरह चमक रहा है,

प्रहार करने के लिए उठा है—आओ हमारा भी क़त्ल करो। आओ हम देखें तुम्हारी ताक़त! पूर्वा मेरा हाथ खींच रही है। चुप हो जाइये आप। वह रो रही है, मुझे होश नहीं। शहाबुद्दीन! आओ, देखें तुम्हारी ताक़त! एक चन्द्रशेखर को मारा हज़ार चन्द्रशेखर पैदा होंगे। पूर्वा ने मुझे खींच कर पकड़ लिया। हम दोनों फफक कर रो पड़े। बादलों के टुकड़े में सूरज छुप गया था, एक साँवली—सी मन्द रौशनी शहर की छतों पर पसर गयी। मन में आग लिए हम सब लौट आये।

दुख बीत जाता है। अगर बीते नहीं तो जीना मुश्किल होगा। सुख कभी पूरा नहीं होता है। चन्द्रशेखर ने जब सीपीआई छोड़ी तो काफ़ी परेशान रहता था। मौजूदा पार्टी नेतृत्व को इस बात की चिन्ता नहीं थी कि उनका एक साथी गहरी पीड़ा में है। उसके मन में पार्टी से जुड़े कई सवाल थे जिस पर कम—से—कम बात तो होनी ही चाहिए थी। सोवियत संघ में भले ही ग्लासनोस्त और प्रेरेस्त्रोइका की ज़मीन फैल रही थी पर सीपीआई अपने भीतर किसी तरह के बदलाव से डर रही थी। पार्टी के भीतर यह समझ थी अगर यहाँ भी विचारों के स्तर पर इतनी छूट दी गयी तो पार्टी का सांगठनिक ढाँचा चरमरा जायेगा। पर नयी हवा को जब सोवियत संघ नहीं रोक पाया तो भारतीय कम्युनिस्ट पार्टी कैसे रोक पाती।

वे समझ नहीं पाये कि नौजवानों पर स्तालिनी डिसिप्लिन नहीं चलेगा। जो लोग पार्टी लाइन से अलग होते वे या तो अवसरवादी होते या समझौतापरस्त। इसी उधेड़बुन में चन्द्रशेखर दिल्ली चला आया और आइसा से जुड़ गया। वैचारिक स्तर पर तीनों कम्युनिस्ट पार्टियों में बहुत बुनियादी फ़र्क़ नहीं है पर इनके बीच कभी व्यापक एकता नहीं बन पाती। कई बार ये बुर्जुआ पार्टी से समझौता कर लेते पर एक—दूसरे से समझौता करने में सैद्धान्तिक मतभेद आड़े आ जाता। चन्द्रशेखर को माले के साथ जुड़ने पर दिल्ली में नयी ज़मीन मिली। छात्रों के बीच उसने जमकर काम किया। पर वह हमेशा मानता था कि बतौर कम्युनिस्ट पार्टी सीपीआई में विचारों की आज़ादी ज़्यादा है। फिर भी उसके दिल में कहीं फाँस थी कि वह

हम लोगों से मिलने में कतराने लगा। मैं अख़बार में काम करती थी इसलिए वह जब भी बिहार आता मुझे उसकी भनक मिल जाती। पटना में विनोद मिश्र आये हुए थे। उनका प्रेस कॉन्फ्रेंस था। मुझे पता था कि चन्द्रशेखर पार्टी ऑफ़िस में है। प्रेस कॉन्फ्रेंस के बाद मैं उससे मिलने गयी। मैंने कहा तुम यहाँ क्या कर रहे हो? घर चलो। उसके बिना बोले मैंने उसका सामान उठाया और हम रिक्शे से घर आ गये। मैंने कहा पार्टी तुमने बदल ली, इसका मतलब यह तो नहीं कि दोस्त भी बदल जायेंगे। और तुम कितनी दूर ही गये हो। लेनिन से स्टालिन तक। हम दोनों खिलखिलाकर हँस पड़े। उसकी आँखें डबडबा गयीं। विचलित–सी कर देनेवाली आवाज़ में उसने कहा, तुम्हारी यही ख़ासियत है तुम किसी को ख़ुद से दूर जाने का मौक़ा नहीं देतीं। आसमान में चाँद डूब रहा था। हम एक–दूसरे की धड़कनों में डूब रहे थे। मेरे पास अब उसकी स्मृतियाँ हैं। मुझे मालूम है जो कहानी हमने बयान की, वह अन्तिम कहानी नहीं है। वह सिर्फ़ यादगार के लिए एक प्रमाण है अगर इन्सान को आतंक और हिंसा के ख़िलाफ़ निरन्तर संघर्ष करना पड़े तो क्या कुछ करना पड़ेगा? और अतीत में क्या कुछ किया गया।

यादें मुझे इतना न सताओ

हवा के साथ कुछ जलने की तीखी गन्ध मेरे भीतर उतर आयी। नीले धुएँ की लट ऊपर उठ रही थी। कुछ जल रहा है। मैं भागी। पतीली में मैंने दूध चढ़ाया था। जो उबल–उबल कर आग की लपटों में समा गया। माँ दौड़ते आयी। ओह! तुमने सारा दूध जला दिया। ध्यान कहाँ है तुम्हारा? मैंने कुछ नहीं कहा। गीली पलकों से बूँद टपक पड़े। मैं लिपट गयी माँ से। माँ रोक लो हरमीत को। रोक लो माँ। मैं रो रही थी बच्चों की तरह। जैसे उससे उसका कोई खिलौना छीन कर ले जा रहा हो। दंगे के दौरान हरमीत को पंजाब जाना पड़ा। मैं सोच रही थी किसी को अपनी जगह क्यों छोड़ना पड़े? सिर्फ़ इसलिए कि वह सिख है? मुसलमान है? ईसाई है?

मैं कमरे से बाहर निकल आयी। कच्ची रौशनी में भीगी हुई शाम पसरी थी। माँ चाय बना कर ले आयी। तारों के फीके आलोक में सड़क की तरफ़ उतरती पगडण्डियाँ किसी नदी की तरह लग रही थीं जो धीमे–धीमे बह रही हो।

यूनिवर्सिटी खुली और पढ़ाई तेज़ी से शुरू हो गयी। मेरे पास कई किताबें नहीं थीं। काफ़ी दिन हो गये थे लाइब्रेरी का मुँह देखे। उन दिनों लाइब्रेरी में किताबें मिल जाया करती थीं। कॉलेज कैम्पस की ये सबसे ख़ूबसूरत इमारत है अंग्रेज़ों के ज़माने की। सायेदार रास्तों से गुज़रते हुए जब लाइब्रेरी पहुँचे तो गेट पर श्रीकान्त मिल गये। उन्होंने बताया आज कलाकारों की बैठक है। हमने कहा आते हैं। लाइब्रेरी से दो किताबें इशू करायीं। मुझे पता था कि कौन–सी

किताबें किस कोने में दुबकी रहती हैं। धूल भरे शीशों के भीतर मन माफ़िक किताबें तलाशना आसान नहीं था। हम लाइब्रेरी से बाहर निकल आये।

पीपुल्स बुक हाउस के पास जमघट लगी थी। देखा राणा बनर्जी अपनी चिरपरिचित मुद्रा में गुनगुना रहे हैं। हाथ में सिगरेट है। मैंने पीछे से एक हाथ जमाया। जब देखो सिगरेट पीते रहते हो। ओह! तुम हो। पता होता तो पहले पी लेता। राणा की आवाज़ पर हम सब मरते थे। वह जब गाता तो लगता धरती डोल रही है। लम्बी–लम्बी पलकें, साँवला रंग। ख़ालिस रोमैंटिक शक्ल और ऐसा आदमी जिस पर बंगाली बालाएँ जान देती थीं। राणा के पिता गुरुदत्त बनर्जी ख़ुद कम्युनिस्ट थे। राणा पर उनका गहरा असर था। राणा का छोटा भाई है संजीव जो पत्रकारिता से जुड़ा है। जिसे हम लोग प्यार से तूफ़ान कहते हैं। राणा जब आठवीं में पढ़ रहा था उसी समय वह वाम आन्दोलन के सम्पर्क में आया और बाद में सीपीआई एमएल से जुड़ा। पर उसका एमएल से ज़्यादा समय हम लोगों के साथ गुज़रता। इप्टा में वह ख़ूब दिलचस्पी लेता। उसकी गहरी सांस्कृतिक समझ ने ही उसे दूसरे बिरादराना संगठनों के नज़दीक ला दिया था। उसकी शक्ल मशहूर गायक हेमन्त कुमार से काफ़ी मिलती थी। बल्कि उसके पिता बिल्कुल हेमन्त कुमार ही लगते थे। कई बार ट्रेन में सफ़र के दौरान लोगों ने हेमन्त कुमार समझ कर उन्हें घेर लिया था। बड़ी मुश्किल से उन्हें यक़ीन दिलाना पड़ा कि वे हेमन्त कुमार नहीं गुरुदत्त बनर्जी हैं। राणा ने एक दिन यह क़िस्सा बताया था। हम लोग ख़ूब हँसे थे।

वह चाय लिए मेरे पास आ गया। हम पीपुल्स बुक हाउस के पीछे वाले कमरे में बैठ गये। मैंने पूछा क्या हो रहा है। उसने कहा, इन दिनों नेहरू को पढ़ रहा हूँ। मैंने तंज़ लहजे में कहा, अच्छा अति क्रान्तिकारी लोग भी नेहरू को पढ़ते हैं। वह हँसने लगा। तुम जानती हो व्यक्तिगत रूप से नेहरू मुझे काफ़ी पसन्द हैं। उनको पढ़ते हुए हैरानी होती है। वे तो मार्क्सवाद के पक्षधर रहे हैं।

तुम पढ़ोगी तो कायल हो जाओगी। एक जगह उन्होंने कहा–'मुझे पक्का यक़ीन है कि आज दुनिया और हिन्दुस्तान के सामने जो समस्याएँ मुँह बाये खड़ी हैं, उन्हें हल करने की एकमात्र कुंजी समाजवाद है, जब मैं यह शब्द जुबान पर लाता हूँ तो उसके वैज्ञानिक, आर्थिक मतलब में इस्तेमाल करता हूँ। समाजवाद सिर्फ़ आर्थिक सिद्धान्त नहीं है। मुझे भारत के लोगों की ग़रीबी, बेरोज़गारी और गुलामी के ख़ात्मे के लिए कोई और रास्ता नहीं सूझता। इसके लिए हमारी राजनीतिक व सामाजिक व्यवस्था में बड़ी और क्रान्तिकारी तब्दीलियाँ ज़रूरी हैं। खेती में, उद्योग में अमीरों के बोलबाले को ख़त्म करना ज़रूरी है। हिन्दुस्तान के रजवाड़ों, सामन्ती तानाशाह निज़ामों को उखाड़ना ज़रूरी है। राणा ने मुझे देखा। हमारे नेता क्या इससे ज़्यादा क्रान्तिकारी बातें करते हैं? मैंने चुटकी ली तो अब एक क्रान्तिकारी बुर्जुआ से प्रभावित हो रहा है। वैसे मैं तुमसे सहमत हूँ। नेहरू मुझे भी पसन्द हैं। मैं उन कम्युनिस्टों में से नहीं हूँ जो उन्हें सिरे से ख़ारिज करते हैं। हमारी बातचीत लम्बी हो रही थी। तब तक तनवीर अख़्तर आ गये। अरे अभी तक तुम लोग यहीं हो, मीटिंग का समय हो गया। हम लोग मीटिंग के लिए निकल गये। पटना के सभी कलाकारों की मौजूदगी थी। बिहार के सांस्कृतिक इतिहास में फिर कभी कलाकारों की इतनी एकता दिखी नहीं। मसला था प्रेमचन्द रंगशाला में सीआरपीएफ के कब्ज़े का। मीटिंग लम्बी चली। तय हुआ कि इस सवाल पर हम लोग जुलूस निकालेंगे। बिहार की सांस्कृतिक ज़मीन उर्वर रही है। यह वह दौर था जब सांस्कृतिक हलचल के लिए बिहार जाना जाता था। भारतीय जननाट्य संघ इप्टा की बिहार में पहचान थी। कला संगम, अंकुर, बिहार आर्ट थियेटर, अनागत, किसलय, कला त्रिवेणी, मित्रम, भंगिमा, निर्माण कला मंच, सर्जना और प्रेरणा जैसे संगठन भी कला के क्षेत्र में लगातार सक्रिय थे।

देश राजनीतिक उथल–पुथल के दौर से गुज़र रहा था। जनता पार्टी का प्रयोग विफल रहा था। बिहार की सामाजिक, राजनीतिक और आर्थिक स्थितियों ने नक्सलवाद के लिए नयी ज़मीन तैयार की।

जिसके असर से कलाकार भी अछूते नहीं थे। गीतों में, कहानियों में, नाटकों के ज़रिये इस विचारधारा के पक्ष में सामाजिक स्थितियाँ तैयार की जा रही थीं। अनागत जैसी मज़बूत संस्था में बिखराव आ चुका था। अनागत से निकले परवेज़ अख़्तर, रश्मि सिन्हा, विनीत, और जावेद अख़्तर इप्टा में शामिल हुए। इसी राजनीतिक पृष्ठभूमि में बिहार में इप्टा का पुनर्गठन हुआ। इप्टा के पुनर्गठन के बाद रंगमंच एक नये तेवर में जनता के बीच था। तनवीर अख़्तर, कवि और लेखक कन्हैया जी, राजेन्द्र सिंह राजन, डॉ. ए.के. सेन जैसे लोगों के समूह ने जिनका रुझान मार्क्सवाद की तरफ़ था, इप्टा को नयी शक्ल दी। उसी दौर में मैं इप्टा से जुड़ी। इप्टा में मेरा पहला नाटक प्रेमचन्द लिखित 'इस्तीफ़ा' था। मेरे लिए नाटक बिल्कुल नया अनुभव था। एक दिन पापा ने कहा कि चलो तुम्हें कुछ कलाकारों से मिलाते हैं। उन दिनों इप्टा का ऑफ़िस एनी बेसेंट रोड में हुआ करता था। जिसे मैत्री–शान्ति भवन के नाम से जानते हैं लोग। शाम का समय था। जब मैं इप्टा के दफ़्तर पहुँची देखा कई नौजवान लड़के–लड़कियाँ हाथ में कागज़ लिए ज़ोर–ज़ोर से संवाद बोल रहे हैं।

कुछ लोग हारमोनियम पर तान दे रहे हैं। मुझे काफ़ी दिलचस्प लगा ये नज़ारा। पापा ने मेरा परिचय कन्हैया जी से कराया। मेरी बेटी है, नाटक करना चाहती है। वे काफ़ी ख़ुश हुए। थियेटर में लड़कियों की कमी हमेशा रही है। उन्होंने बताया कि एक साथ कई लघु नाटक किये जा रहे हैं। हम चाहते हैं कि निवेदिता करे। तनवीर अख़्तर ने कहा कि कल शाम को आयें। हम लोग तय करते हैं। दूसरे दिन इप्टा पहुँची। देखा एक ख़ूबसूरत शक्ल वाला लड़का गा रहा है। मेरा परिचय कराया गया। ये संजय उपाध्याय हैं। अच्छे गायक हैं। उसने बड़ी शाइस्तगी से हाथ बढ़ाया। मैंने तपाक से हाथ मिलाया। इप्टा के शुरुआती दौर में जो कुछ गहरे दोस्त बने उसमें संजय थे। समय के साथ जीवन में बहुत कुछ बदलता है। दोस्ती के रंग भी फीके पड़ते हैं।

मुझे बताया गया कि प्रेमचन्द की कहानी 'इस्तीफ़ा' के लिए मेरा चयन हुआ है। मेरे साथ अभिनय करेंगे परवेज़ अख़्तर।

मुझे स्क्रिप्ट दे दिया गया। मेरा दिल घबरा रहा था। परवेज़ अख़्तर मँजे हुए कलाकार थे। मैं उनकी पत्नी की भूमिका कर रही थी। परवेज अख़्तर बड़े इख्लाक़ से मिले। बड़ी अदा से आदाब अर्ज़ किया। मैंने देखा ऊँची पेशानी, आँखें रौशन और मुस्कुराती हुई। चेहरा इस क़दर पुरकशिश कि देखते रहिए। मैं ख़ुद शरमा गयी और ये सोच कर घबरा गयी कि कहीं इन्होंने मुझे घूरते हुए देख तो नहीं लिया।

पापा ने उन लोगों से कल भेजने का वादा कर विदा ली। सारी रात मैं प्रेमचन्द की कहानी 'इस्तीफ़ा' में डूबती–उतरती रही। मुझे ठीक–ठीक याद नहीं पर कुल 6 लघु नाटकों का मंचन हुआ था। एक नाटक में रश्मि अभिनय कर रही थीं। उसी दौरान मेरे कई गहरे दोस्त बने। रश्मि उस दौर की बड़ी अभिनेत्री थी। उसे देखकर लगता था कि वह अभिनय के लिए ही बनी है। रंगमंच का यह मेरा दूसरा अनुभव था। जब स्कूल में थी तो एन.एन. पाण्डे के निर्देशन में 'घर का भेदी' नाटक कियां था। एन.एन. पाण्डे उन दिनों रंगमंच में काफ़ी सक्रिय थे। राजेन्द्र नगर में रहते थे। हम लोग उनके पड़ोसी थे। उस नाटक की ख़ूब तारीफ़ हुई थी। 'इस्तीफ़ा' नाटक में मूल रूप से तीन पात्र थे। पति–पत्नी और उनका बेटा। नाटक में बेटा के किरदार के लिए बच्चे की खोज शुरू हुई। हमारे निर्देशक परेशान थे। मेरी छोटी बहन सोना उस समय 10 साल की थी। मैंने कहा कि इस नाटक में अगर आप कहें तो बच्चे के रोल के लिए सोना को ले सकते हैं। नाटक मंचित हुआ। परवेज़ अख़्तर की वजह से नाटक सफल रहा। मैंने महसूस किया कि अभिनय मेरे बूते की चीज़ नहीं है। मैं अभिनय नहीं कर रही थी। बाद में अपूर्वानन्द ने नाटक की समीक्षा करते हुए लिखा कि 'मेरा चेहरा काठ का चेहरा था'। यह दूसरी बात है कि बाद में वही चेहरा उसे भाता था। मेरी उम्र उस समय 16–17 साल रही होगी। नाटक को जीने का यह मेरा पहला अनुभव था। अभी मैं सीख रही थी। अभिनय की बारीक़ियों से मेरा वास्ता नहीं पड़ा था। एक कलाकार, वह जिस किसी भी कला माध्यम में काम करता हो, चाहे शब्द में, चाहे रंग में,

उसका अनुभव क्षेत्र बहुत विशाल होता है, जटिल भी। मैंने महसूस किया कि अभिनय के लिए यह ज़रूरी है कि आप अभ्यास में रहें। कई बार माँजते–माँजते भी अभिनेता में चमक आती है।

मैंने कभी भी अभिनय में अपना पूरा समय नहीं दिया। बहुत बाद में 'वापसी' नाटक के मंचन के बाद यह भरोसा हुआ कि शायद हम भी नाटक कर सकते हैं। 'वापसी' की कहानी मज़दूरों की ज़िन्दगी पर आधारित थी। इस नाटक में मेरे पति की भूमिका श्रीकान्त कर रहे थे। तनवीर अख़्तर का निर्देशन था। यह संयोग है कि दोनों नाटक में बच्चे की भूमिका में मेरी बहनों ने अभिनय किया। 'इस्तीफ़ा' में सोना ने अभिनय किया तो 'वापसी' में रूपा बाल कलाकार के रुप में काफ़ी सराही गयी। उन दिनों अक्सर दोपहर में हमारे नाटक का रिहर्सल चलता था। हम कॉलेज से सीधे रिहर्सल में आ जाते थे। एनी बेसेंट की तंग गलियों के पास ही शान्ति–मैत्री भवन था। जहाँ हम लोग रिहर्सल किया करते थे। बरामदे के ठीक सामने एक बड़ा कमरा था, दायीं तरफ़ आँगन, दालान के दूसरे सिरे पर चौकोर कमरा था जिसमें सामान रखे जाते थे। खिड़कियों और दरवाज़े से छनकर रौशनी आती थी। कमरे की चौड़ाई में एक पुरानी दरी बिछी हुई थी। कमरे का यह हिस्सा सामने आम सतह से कुछ ऊँचा और नुमायाँ हो गया था। श्रीकान्त वहीं धूनी रमाये बैठे थे। कुछ लड़के चाय बनाने में लगे हुए थे। तनवीर अख़्तर अभी आये नहीं थे। मैं सामने बैठ गयी। श्रीकान्त के साथ नाटक करना सबसे ज़्यादा सहज था। वह हमेशा मुझे भरोसा देता। मेरे संवाद पर मेहनत करता। अक्सर रिहर्सल से जब फुरसत मिलती हम किसी–न–किसी की कविताएँ और नज़्म पढ़ते रहते। फ़ैज़ और साहिर मेरे प्रिय शायर रहे हैं। श्रीकान्त की आवाज़ में उनको सुनना अच्छा लगता था। रिहर्सल के बाद कई बार हमारा अड्डा विनोद के घर लगता था। साहिर की लम्बी नज़्म 'परछाइयाँ' को मैंने श्रीकान्त से ही सुना। विनोद को ये नज़्म ख़ूब पसन्द थी। कभी–कभी दोनों इसका पाठ करते।

ज़िन्दगी अजीब होती है। जब आप अपने समय को जीते हैं तो पता नहीं चलता कि उसमें कितना कुछ है जिसने आपके जीवन को बनाया। गुज़री हुई घटनाएँ ऐसे याद आती हैं जैसे कल की बात हो। मुझे याद है। उस शाम जब विनोद के घर पहुँचे, सूरज ढल गया था, आसमान पर पीली रौशनी फैली थी। हम सब उसके कमरे में बैठ गये। श्रीकान्त ने अदा के साथ कहा मतला हाज़िर करता हूँ, फिर वो शेर पेश करूँगा जिसका वादा है। हम लोगों ने भी बड़ी अदा से कहा इरशाद हो, अता हो। श्रीकान्त की आवाज़ लोचदार और नफ़ासत से भरी है। सुर निहायत साफ़ और उसमें दूर तक पहुँच जाने की ख़ासियत है। उसने साहिर को सुनाना शुरू किया–

जवान रात के सीने पे दुधिया आँचल
मचल रहा है किसी ख़्वाबे–मरमरीं की तरह
हसीन फूल, हसीं पत्तियाँ, हसीं शाखें
लचक रही हैं किसी जिस्मे–नाज़नीं की तरह
फ़िज़ा में घुल से गये हैं उफ़क़ के नर्म ख़ुतूत
ज़मीं हसीन है, ख़्वाबों की सरज़मीं की तरह
तसव्वुरात की परछाइयाँ उभरती हैं

कभी गुमान की सूरत कभी यक़ीं की तरह
वे पेड़ जिन के तले हम पनाह लेते थे
खड़े हैं आज भी साकित किसी अमीं की तरह
इन्हीं के साये में फिर आज दो धड़कते दिल
ख़ामोश होंठों से कुछ कहने–सुनने आये हैं
न जाने कितनी कशाकश से कितनी काविश से
ये सोते–जागते लमहे चुराके लाये हैं

यही फ़िज़ा थी, यही रुत, यही ज़माना था
यहीं से हमने मुहब्बत की इब्तिदा की थी

धड़कते दिल से लरज़ती हुई निगाहों से
हुज़ूरे–ग़ैब में नन्ही सी इल्तिज़ा की थी
कि आरजू के कँवल खिल के फूल हो जायें
दिलो–नज़र की दुआयें क़बूल हो जायें
तसव्वुरात की परछाइयाँ उभरती हैं

हम दम साधे सुनते रहे, बहते रहे। 'परछाइयाँ' लम्बी नज़्म है। हमने ऐसी विचलित करने वाली लम्बी नज़्म इसके पहले नहीं सुनी थी। देर काफ़ी हो गयी थी। घर जाना था। मन में साहिर को लिए विदा हुई। आसमान साफ़ था। बहुत धीमी हवा थी, जो पेड़ों को छूकर हल्के से निकल गयी। वृक्षों की घने चमकीले पत्तों की सरसराहट में जैसे किसी ने कानों में चुपके से कहा–तसव्वुरात की परछाइयाँ उभरती हैं।

दूसरे दिन हमारा रिहर्सल सुबह 10 बजे से ही था। मैं अपनी बहन रूपा को लेकर आयी थी। नाटक का एक संवाद 'मछली चारा खायेगी' बोलने में रूपा को मुश्किल होती थी। तनु भैया ने देखा बच्ची परेशान हो रही है। उन्होंने कहा, तुम्हें जिस तरह बोलना हो बोलो। रूपा बचपन से ही ज़हीन है। वह जो भी करती थी समाँ बाँध देती थी। लोग कहते नन्ही–सी बच्ची में ख़ुदा आ बसा है। एक दृश्य में मुझे और श्रीकान्त को काफ़ी क़रीब आना था। तनवीर अख़्तर कहते–तुम दोनों को पति–पत्नी की तरह दिखना है। इस दृश्य में ऐसा लगना चाहिए कि एक–दूसरे के प्रति गहरा अनुराग है। श्रीकान्त को मुश्किल हो रही थी। मैंने हँसते हुए कहा कि भूल जाओ कि ये मैं हूँ। मेरा आलिंगन इस तरह से करो–यह कहते हुए मैंने उसे समेट लिया। मेरा ये तरीक़ा काम कर गया। श्रीकान्त सहज हो गये। वह दृश्य ख़ूबसूरत बन पड़ा। नाटक लोगों को पसन्द आया। मुझे भी भरोसा हुआ कि मैं अभिनय कर सकती हूँ।

यादें ख़ामोशी से सुलग रही हैं। कबीर की तरह, लुकाठी लिए हम सब बाज़ार में खड़े हैं। अपने अनुभवों को लिखते हुए मैंने कोशिश की है कि उस समय को समग्रता में देख सकूँ।

इन्सान की शुरू की आधी ज़िन्दगी पहाड़ की चढ़ाई की तरह होती है दूसरा आधा हिस्सा ढलान का। अभी हम पहाड़ पर चढ़ रहे हैं। ऊबड़–खाबड़ और चुनौतियों से भरे पहाड़ पर।

बिहार के सांस्कृतिक आन्दोलन में प्रेमचन्द रंगशाला एक ऐसा आन्दोलन है जिसने देश के सांस्कृतिक व राजनीतिक परिदृश्य को बदला। इस आन्दोलन के पक्ष में देश भर के साहित्यकार, कलाकार व वामपन्थी छात्र संगठन एक साथ आये।

1971 में प्रेमचन्द रंगशाला बनकर तैयार थी। पहली बार बिहार में कोई रंगशाला इतनी ख़ूबसूरत बनी जिसमें मंचीय प्रस्तुति के लिए कई सम्भावनाएँ थीं। उसमें कुछ कार्यक्रम भी हुए। पर बिहार में '74 आन्दोलन के दौरान प्रेमचन्द रंगशाला में सीआरपीएफ का क़ब्ज़ा हो गया था। रंगशाला के मंच को जवानों ने अपना रसोईघर बना लिया था। हालात ये हुए कि स्टेज तक जल गया। परदे फट गये। करोड़ों की लागत से बनी रंगशाला सीआरपीएफ के खाना बनाने और रहने में इस्तेमाल हो रही थी। उसी दौरान कुछ नौजवानों ने यह सवाल उठाया कि प्रेमचन्द रंगशाला में सीआरपीएफ क्यों है?

रंगशाला एक बड़ा मुद्दा बना। 1980 में प्रख्यात साहित्यकार महादेवी वर्मा की अध्यक्षता में पटना में प्रेमचन्द जयन्ती मनायी जा रही थी। उसी साल दुनिया के कई हिस्सों में प्रेमचन्द जयन्ती मनी। उन दिनों प्रेमचन्द रंगशाला का नाम राजकीय रंगशाला था। सम्मेलन के दौरान साहित्यकारों के बीच से किसी ने ये सवाल उठाया कि राजकीय रंगशाला का नाम प्रेमचन्द रंगशाला होना चाहिए। महादेवी वर्मा ने कहा कि यह कितना बुरा है कि एक रंगशाला में सीआरपीएफ का क़ब्ज़ा है। यह हैरानी की बात है कि कुछ अज्ञात नौजवानों ने 'प्रेमचन्द रंगशाला से सीआरपीएफ का क़ब्ज़ा हटाओ' के नारे लगाये। यह नारा देश भर का मुद्दा बना। हम लोग प्रेमचन्द रंगशाला के मसले को लेकर बातचीत कर रहे थे। तनवीर अख़्तर ने कहा कि शहर में प्रेस बिल के मामले को लेकर धरना चल रहा है। हम लोगों को भी शामिल होना चाहिए।

1982 के आस–पास प्रेस बिल लागू हुआ जिसके ख़िलाफ़ सारे पत्रकार सड़क पर आये। पत्रकारों का साथ सभी वाम–जनवादी संगठनों ने दिया। अभिव्यक्ति की स्वतन्त्रता पर ख़तरे के सवाल ने आन्दोलन की जड़ें मज़बूत कीं। हम लोगों को पोस्टर बनाने का ज़िम्मा था। फ़ैज़ की नज़्म–'बोल कि लब आज़ाद हैं तेरे' और 'जुबां पर मुहर लगी तो क्या ग़म है कि ख़ूने–दिल में डुबो ली हैं उँगलियाँ मैंने' जैसी नज़्मों का ख़ूब इस्तेमाल किया। कहते हैं फूलों की शक्लों और उनकी रंगो–बू से सरावोर शायरी से भी अगर आँच आ रही हो तो यह मान लेना चाहिए कि फ़ैज़ वहाँ पूरी तरह मौजूद हैं।

लम्बे आन्दोलन के बाद सरकार को प्रेस बिल क़ानून वापस लेना पड़ा। यह ऐसी जीत थी जिसने यह हौसला दिया कि संघर्ष की जीत होती है। पर अभी लम्बी लड़ाई थी। कई और मोर्चे पर डटे रहना था।

शायद वह नवम्बर का महीना था। धुली–धुली रुपहली धूप फैली थी। बिहार भर के कलाकार एस. के. मेमोरियल हॉल में जमा हुए थे। युवा महोत्सव का आयोजन किया गया था। कलाकार संघर्ष समिति ने तय किया था कि जब तक प्रेमचन्द रंगशाला ख़ाली नहीं होती कोई भी सरकारी आयोजन नहीं होने देंगे। साथियों ने पुरस्कार वितरण का बहिष्कार किया। पर्चा बाँटा गया। जिसमें यह लिखा हुआ था कि हम क्यों बहिष्कार कर रहे हैं। बहिष्कार के आरोप में पाँच छात्र गिरफ़्तार कर लिए गये। जावेद अख़्तर, अशोक आदित्य, पुष्पेन्द्र, राणा बनर्जी, एक का नाम याद नहीं। जावेद उन दिनों बी.एन. कॉलेज के छात्र थे। उनकी गिरफ़्तारी से हंगामा हो गया। बी.एन. कॉलेज के छात्रों को लगा कि उनके कॉलेज के छात्र को पुलिस ले गयी। छात्रों ने ख़ुद उस आयोजन का बहिष्कार कर दिया। नीरज जो इन दिनों जद यू का एमएलसी है। वह बी.एन. कॉलेज में एआईएसएफ का लीडर था। उसने अगुवाई की। और प्रशासन को धमकी दी कि गिरफ़्तार किये गये छात्रों को छोड़ दिया जाय। प्रशासन पर छात्रों का इतना दबाव पड़ा कि 24 घण्टे के अन्दर

सभी छात्र रिहा कर दिये गये। कलाकार संघर्ष समिति ने तय किया कि वे सरकारी युवा महोत्सव के समानान्तर युवा महोत्सव आयोजन करेंगे। आयोजन के लिए पाँच कनवेनर रखे गये। अपूर्वानन्द, जावेद अख़्तर ख़ान, पुष्पेन्द्र, प्रो. सन्तोष, कुमार ध्रुव। इतना बड़ा आयोजन करने के लिए हमारे पास कोई साधन नहीं था। हम लोगों ने चन्दा जमा करने के कई तरीक़े ईजाद किये जिसमें सड़कों पर गाते हुए चन्दा माँगना शामिल था। हर सुबह एक नये संघर्ष की सुबह होती थी। कोई लम्बी–चौड़ी महत्त्वाकांक्षाएँ नहीं थीं। सब के सब रंगकर्मी, छात्र जिनकी आँखों ने छोटे–छोटे सपने देखे। वह सपना था कि बिहार में प्रेमचन्द रंगशाला मुक्त हो।

1986 की बात है। पटना इप्टा की टीम गोहाटी गयी थी जहाँ कारन्त से साथियों की मुलाक़ात हुई। जावेद ने विस्तार से कारन्त को बिहार में चल रहे आन्दोलन की जानकारी दी। उसी के कुछ दिन बाद साहित्यिक पत्रिका 'नटरंग' में ब.व. कारन्त का साक्षात्कार छपा जिसमें उन्होंने कहा–'मुझे शर्म आती है कि मैं एक ऐसे देश में रहता हूँ जहाँ रंगशाला में सीआरपीएफ का क़ब्ज़ा है'।

वहाँ से लौटने के बाद इप्टा के साथी युवा महोत्सव की तैयारी में लग गये। पटना में जितने भी हॉल थे सब हम लोगों ने बुक कर लिए थे। बिहार के सभी ज़िलों से कलाकार आये। उन दिनों रंगकर्मियों और लेखकों की कई जमातें थीं। एक जमात वैसे लोगों की थी जो आर्थिक रूप से अच्छी स्थिति में थे। पर ज़्यादातर लोगों की हालत खस्ता थी। फिर भी हम सब जीवन से भरे हुए थे। रोज़ एक नये अनुभवों से गुज़रते हुए। मुझे याद है कि मेरा ज़िम्मा कालिदास रंगालय में था। कौन से नाटकों का मंचन होगा। कितनी कविताओं का पाठ होगा। मैं कविताएँ लिखती थी। पर अपने लिखे पर भरोसा नहीं करती। शर्म आती थी अपनी रचनाओं के बारे में कुछ कहते हुए। यह संकोच आज भी बना हुआ है। अपूर्व ने कहा तुम्हें भी अपनी कविता का पाठ करना चाहिए। मैं घबरायी। उसने मेरा साहस बढ़ाया। अपनी तरह जीने और अपनी तरह कविताएँ लिखने

की ज़िद में मैंने काफ़ी चोटें खायी हैं, अपमान सहा। पर मैं जानती थी कि मेरा फ़ैसला मेरे पाठक करेंगे।

हॉल खचाखच भरा था। मैंने अपनी कविता पढ़ी। लोग ख़ामोश थे। अचानक तालियों की गड़गड़ाहट से महसूस हुआ कि कविता मेरी पीठ धीमे–धीमे थपथपा रही है। मेरी आँखों में ख़ुशी के आँसू थे। इस आयोजन का ये असर हुआ कि सरकार को अपना कार्यक्रम बन्द करना पड़ा। नवम्बर की गुलाबी ठण्ड भी हम कलाकारों का हौसला पस्त नहीं कर पायी। आन्दोलन अपने चरम पर था। 1987 में केन्द्रीय संगीत अकादमी ने बिहार में राष्ट्रीय नाट्य महोत्सव का आयोजन किया जिसमें देश के सभी वरिष्ठ संस्कृतिकर्मी शामिल थे। ब.व. कारन्त, रतन थियेम, प्रतिभा अग्रवाल, बंगाल के बड़े अभिनेता कुमार राय और नेमिचन्द्र जैन आयोजन में शामिल थे। जिस दिन कार्यक्रम की शुरुआत थी हम लोगों ने एक बड़े कैनवास पर कारन्त के बयान को लिखा–'मुझे शर्म आती है कि मैं एक ऐसे देश में रहता हूँ जहाँ रंगशाला में सीआरपीएफ का क़ब्ज़ा है'। यह बैनर लिए हुए हम सब हॉल के अन्दर गये और मंच पर क़ब्ज़ा जमा लिया। शायद संस्कृति के इतिहास में यह पहली परिघटना होगी कि जब सरकारी आयोजन में शामिल होने आये सभी बड़े कलाकारों ने आन्दोलन के पक्ष में अपनी आवाज़ दी। टाइम्स ऑफ़ इंडिया ने इस ख़बर को फर्स्ट लीड बनाया और लिखा–'टाइम टू प्रोटेस्ट'।

आन्दोलन ने गति पकड़ ली थी। आन्दोलन करते हुए लगभग एक साल गुज़र गया था। यह हमारा आख़िरी दाँव था। हम सबने तय किया कि प्रेमचन्द जयन्ती के मौक़े पर रंगशाला के मसले पर प्रदर्शन होगा। बिहार के सभी प्रमुख साहित्यकारों से अपील की गयी। डॉ. ए.के. सेन ने झण्डी दिखाकर हमारे जुलूस को रवाना किया। नागार्जुन जुलूस का नेतृत्व कर रहे थे। सैकड़ों नौजवानों ने लाल, पीली और सफ़ेद झण्डियाँ लहरायीं। बड़े–बड़े कैनवास पर यह लिखा हुआ था कि प्रेमचन्द रंगशाला मुक्त करो। जिन शायरों और अदीबों ने अभिव्यक्ति की स्वतन्त्रता पर लिखा था उनके लिखे

शब्द जुलूस में झिलमिला रहे थे। जुलूस शान्ति से आगे बढ़ रहा था। आगे–आगे बाबा नागार्जुन, कविवर कन्हैया जी चल रहे थे। पुलिस ने चारों ओर से हमें घेर लिया। हम बढ़ते जा रहे थे। हम सबने कहा कि आज प्रेमचन्द रंगशाला को ख़ाली कराये बग़ैर साथी पीछे नहीं हटेंगे। आर–ब्लॉक चौराहे पर जुलूस रोक दिया गया। कन्हैया जी, बाबा नागार्जुन समेत सभी वरिष्ठ रंगकर्मी और साहित्यकार ज़मीन पर बैठ गये। सिर के ऊपर आसमान दहक रहा था। पुलिस का एक बड़ा जत्था सामने आया। उसने चेतावनी दी, आप सब ये जगह ख़ाली कर दें, नहीं तो हमें मजबूर होना होगा। हम लोग डटे रहे। सबने एक–दूसरे का हाथ थामा। और हम आगे बढ़ने लगे। अचानक पुलिस की लाठियाँ बरसने लगीं। लोग डटे रहे। कन्हैया जी के सिर पर लाठी पड़ी, ख़ून की धार बह गयी। पुलिस ने सबको खदेड़–खदेड़ कर पीटा। हम खड़े रहे। एक–दूसरे की बाँह को कस कर थामे हुए। हमारी आवाज़ गीली थी, होंठों पर लफ़्ज़ सूखे नहीं थे। हम लोगों ने चीख़कर कहा–संस्कृतिकर्मियों पर फ़ौजदारियाँ करने वालों और गोलियाँ चलाने वालों से कह दो कि दुनिया में वह गोली कहीं नहीं बनी है जो सच को लगे। शाम हो गयी थी। कन्हैया जी को काफ़ी चोट आयी थी। लहू उनके कन्धों तक बहकर सूख चुका था। बाबा को भी गहरी चोट लगी थी। कई साथी बुरी तरह घायल हुए। हम सब घर की ओर निकले। कुछ दिनों बाद अख़बार में बड़ी–सी ख़बर छपी–प्रेमचन्द रंगशाला सीआरपीएफ से मुक्त हुई।

सारा लोहा उन लोगों का अपनी केवल धार

अरुण कमल से निवेदिता की बातचीत

मैंने अरुण कमल से ये बातचीत अरुण देव के ब्लॉग समालोचन के लिए की थी। मुझे लगा मेरी किताब अधूरी रहेगी अगर अरुण कमल को शामिल नहीं किया जाय। पटना उनकी कविताओं का मुरीद है। मैं तो उनकी कविताओं में डूबती–उतरती रहती हूँ। उनकी कविताओं में वही शिद्दत, वही नुकीलापन और गहराई मिलती है जो दुनिया के तमाम बड़े कवियों में पाते हैं। उनकी कविताएँ अँधेरे में भी जगर–मगर करती हैं, ख़ामोशी का बयांन भी बोलता है।

अपना क्या है इस जीवन में
सब तो लिया उधार
सारा लोहा उन लोगों का
अपनी केवल धार।

(अपनी केवल धार)

देखो हत्यारे को मिलता राजपाट सम्मान
जिनके मुँह में कौर मांस का उनको मगही पान।

(सबूत)

मैं जल चुका काग़ज़ जिस पर दौड़ती जा रही आख़िरी लाल चिंगारी।

(पुतली में संसार)

अरुण कमल औसत जीवन के वैभव के कवि हैं। मितभाषी कवि। भाषिक ज़िम्मेदारी के निर्वहन के साथ–साथ गहरी जीवन दृष्टि और पक्षधर दृष्टिकोण के कवि। उनकी कविताओं में एक तरह की शास्त्रीय उदात्तता है।

अशोक वाजपेयी ने ठीक ही लिखा है। सूक्ष्म अन्तर्दृष्टि, संयत कला अनुशासन और आत्मीयता। यह आत्मीयता कविता के बाहर भी है। बात और व्यवहार में भी। निवेदिता ने कविता के विस्तृत फलक पर बड़ी तैयारी से बात की है।

प्रश्न : आपके लिए कविता के क्या मायने हैं?

अंग्रेज़ी के कवि डब्ल्यू.बी.यीट्स ने कहा है कि जब संघर्ष ख़ुद से होता है तो कविता और जब बाहर से होता है तो राजनीति का जन्म होता है। इसमें मैं यह जोड़ना ज़रूरी समझता हूँ कि व्यक्ति का *ख़ुद* या *स्वयं* भी दूसरों से, बाहर से, समाज से, पूरी सृष्टि से मिलते–जुलते, लड़ते–झगड़ते बनता है। इसलिए कविता भी अन्ततः सब कुछ के बारे में होती है। वैसे इसकी कोई भी परिभाषा सम्भव नहीं है, क्योंकि कविता को पहचानना ज़्यादा ज़रूरी है जो ज़्यादा कठिन है। मैं नहीं बता सकता कि इन पंक्तियों में ऐसा क्या है जो मुझे और मेरे जैसे पाठकों–श्रोताओं को परेशान कर देता है–उड़ *जायेगा हंसा अकेला या डासत ही गयी बीति निसा सब कबहूँ न नाथ नींद भरि सोयो या आज तो बधाई बाजे मन्दिर महर में या चलु पग गंगा–जमुना तीर या फिर मुझे दीद–ए–तर याद आया*। मेरे लिए कविता का मतलब है भाषा की रचना से मिलने वाला सुख जो कहीं और से नहीं मिल सकता। बहुत कुछ गूँगे के लिए गुड़ के स्वाद की तरह या जैसे हम सबके लिए गुड़ या हरी मिर्च के स्वाद की तरह, हममें से कोई ठीक–ठीक बता सकता है इस स्वाद को?

प्रश्न : 1980 के दशक में कविता अपने नये रूप में दिखायी पड़ती है। वह वामपन्थी ताक़तों की वापसी का दौर था। पश्चिम बंगाल, त्रिपुरा, पंजाब समेत कई राज्य वामपन्थ आन्दोलन के प्रभाव में थे। उस दौर की कविताओं में भी

उसका प्रभाव दिखता है। ठीक उसी समय राजेश जोशी, उदय प्रकाश और आपके कविताओं के संसार में दाख़िल होना एक ताज़ी हवा की तरह था। अशोक वाजपेयी उस दौर को कविता की वापसी का दौर कहते हैं। 80 से 2011 के लगभग 30 वर्षों के अन्तराल में कविताएँ कहाँ पहुँची हैं? क्या सोवियत संघ के विघटन और मार्क्सवाद के धराशायी होने का असर कविताओं पर भी पड़ा? किस तरह के बदलाव से आपकी पीढ़ी जूझती रही?

इसमें पहली बात तो मैं यह कह दूँ, निवेदिता जी कि कविता और राजनीति में यानी दोनों में होने वाले परिवर्तनों में कोई सीधा और समानुपातिक रिश्ता नहीं होता। सन् 1980 में भी नहीं था और आज भी नहीं है। आज जब सोवियत संघ नहीं है तो क्या हुआ। सन् 1917 के पहले भी तो नहीं था। तब भी प्रतिरोध की कविता थी और आज भी है और आगे भी रहेगी। दूसरी बात यह कि सोवियत संघ नहीं है, लेकिन चीन, वियतनाम, क्यूबा तो हैं। पूरी दुनिया में पूँजीवाद विरोधी आन्दोलन हो रहे हैं, नेपाल में भी बड़ा बदलाव आया और भारत में भी लोग संघर्ष कर रहे हैं। हो सकता है हम हार जायें कोई बात नहीं। जैसा कि ब्रेख़्त ने कहा है, *अँधेरे समय में भी गीत होंगे, अँधेरे के गीत*। और एक प्रसिद्ध कहावत है कि मिनर्वा (जो पश्चिम में ज्ञान की देवी है) *का उल्लू* (जो मिनर्वा का वाहन है) *अँधेरे में ही अपनी उड़ान भरता है।* तो कविता किसी अनुकूल समय का इन्तज़ार नहीं करती। तीसरी बात यह कि कविता तो मनुष्य और सम्पूर्ण जीवन के सारे अनुभवों, सुख–दुख, ट्रेजेडी सबके बारे में होती है। उसका काम ही है उन सबों को दर्ज करना। यह काम भी कभी नहीं रुकता। इसीलिए हर काल में कवि–कलाकार होते ही हैं, उनका होना कोई रोक नहीं सकता नहीं तो इस जीवन का दस्तावेज़ कौन तैयार करेगा? कविता की कभी वापसी नहीं होती, क्योंकि कविता कभी कहीं लुप्त नहीं होती। हाँ उसके कार्यभार बदलते रहते हैं जैसे पिछले दो दशक की कविता पहले की तुलना में अधिक स्याह,

उदास और अन्तर्मुखी हुई है। ज़्यादा गम्भीर। साथ ही अनेक नयी लयों का समावेश हुआ है। जीवन के अनेकानेक नये–नये प्रसंग कविता में आये हैं। आज *नागार्जुन, केदारनाथ अग्रवाल, धूमिल* सरीखी मुखर कविताएँ कम हुई हैं, हालाँकि प्रतिरोध उतना ही संश्लिष्ट और तीव्र है।

प्रश्न : आपके समय की कविताओं में एक नये रचना संसार से पाठकों का परिचय हुआ। एक ख़ास तरह की भाषा और शिल्प जिसमें घरेलूपन और आम आदमी के संघर्ष की गूँज सुनायी पड़ती है। क्या यह नहीं लगता है कि आप अपने मुहावरे में क़ैद हो गये हैं। क्या उन मुहावरों से निकलने की कोशिशें हुई हैं?

फिर मुझे कहना ज़रूरी लग रहा है कि जहाँ तक मेरा सवाल है मेरा कभी कोई रूढ़ मुहावरा नहीं रहा। जिन्होंने मेरी किताबें पढ़ने का कष्ट गवारा किया है उनमें से लगभग सबने हर किताब के अलग–अलग स्वभाव को रेखांकित किया है। दुख की बात है कि लोग आमतौर पर ध्यान से पढ़ते नहीं। कवि तो अपने रास्ते पर रास्ता बदलते चलता चला जाता है और कुछ लोग उसे उसके पुराने, पहले घर के नाम से पुकारते रहते हैं।

प्रश्न : आप कविता संसार में एक वैचारिक धार के साथ दाख़िल हुए। एक सृजनशील व्यक्ति के लिए किसी ख़ास विचारधारा के साथ रचना प्रक्रिया में शामिल होना कैसा रहता है।

इस बारे में मैंने अक्सर यह बात कही है और एक बार फिर कह रहा हूँ (वैसे मेरे साक्षात्कारों की किताब कथोपकथन, जो 2009 में छपी है, इस पर विस्तृत चर्चा है) कि एक कवि के लिए विचारधारा से बड़ी चीज़ है दर्शन और दर्शन से भी बड़ी चीज़ है जीवन–दृष्टि जो प्रत्येक कवि की अपनी, निजी एवं स्वअर्जित होती है। विचारधारा तो मुक्तिबोध और एक कम्युनिस्ट कार्यकर्ता की एक ही है, लेकिन दोनों दो अलग–अलग व्यक्तित्व हैं। यह तो जीवन दृष्टि है प्रतिरोध की जो भौतिकवादी दर्शन, द्वन्द्वात्मक मार्क्सवाद सब कुछ के संयोग

से बनी है, लेकिन उससे भी अधिक वह जीवन के अनुभवों से सृजित है। विचारधाराएँ सूख भी सकती हैं, लेकिन जीवन का वृक्ष हरा रहता है, जैसा कि गोयथे ने कहा था।

प्रश्न : आपकी पीढ़ी के उदय प्रकाश हों या राजेश जोशी उन्होंने कविताओं के अलावा दूसरी विधाओं में भी बेहतरीन काम किया। उन्होंने अभिव्यक्ति के नये रास्ते तलाशे। उदय प्रकाश और असग़र वजाहत ने फ़िल्में भी बनायीं। आपने कविताओं के अलावा दूसरे माध्यमों की तलाश क्यों नहीं की? ख़ासकर जब साहित्य में नाटकों की कमी रही है। आप साहित्य के दूसरे अभिव्यक्ति रूपों से क्यों नहीं जुड़े?

आपने सही देखा निवेदता जी कि मैंने न तो कहानी लिखी न उपन्यास, न चित्र बनाये न फ़िल्में, न नाटक किया न संगीत। जबकि दूसरों ने ये सब किया। इसमें मुख्य बात यह है कि मेरी शक्ति सीमित है। प्रतिभा भी कम है। मैं तो इतना सुस्त और अहदी हूँ कि मुझे अपने काम के लिए यह दिन–रात के चौबीस घण्टे भी कम लगते हैं। ठीक से कविता लिखने के लिए भी मुझे एक–दो उम्र और चाहिए।

प्रश्न : कविता बनने की क्या प्रक्रिया है? मुक्तिबोध के बारे में कहा जाता है कि वे अपनी कविताओं पर पाँच–पाच वर्ष काम करते थे। आपकी रचना प्रक्रिया...

किसी ने हुसेन से पूछा था आपकी क्या उम्र होगी। उन्होंने कहा था पाँच हज़ार साल यानी जितनी ख़ुद आदमी की उम्र है। तो मुझे भी लगता है कि कविता लिखने में मुझे उतना ही वक़्त लगता है जितनी मेरी उम्र है या जितनी आदमी की उम्र है।

यह तो एक बात हुई। लेकिन सच बात यह है कि कविता लिखने का काम लगातार चलता रहता है। शादी–विवाह की तरह इसका कोई शुभ मुहूर्त नहीं होता। नींद में भी यह काम जारी रहता है। मैं कई दफा लिखता, काटता–पीटता हूँ। कई बार छपने के बाद भी। कई बार भूल भी जाता हूँ। फिर कभी अचानक देखने पर जोड़–घटाव करके काम चलता है। कविता बनाने का काम रोटी

बनाने या मेज़ बनाने से भिन्न है। रोटी या मेज़ एक बार बन गयी तो बन गयी। आपने हुनर सीख ली। लेकिन कविता हर बार फिर से बनानी पड़ती है। कभी–कभी कई–कई टुकड़े आप जमा करते जाते हैं और फिर एक दिन जोड़–जाड़ कर एक ढाँचा तैयार करते हैं, बहुत कुछ तिलचट्टे के शरीर की तरह। कई बार एक ही पत्थर के टुकड़े को तराश कर एक अक्स निकाल लेते हैं। वैसे कविता तत्काल ज़रूरत के मुताबिक़ भी तैयार हो सकती है जैसा कि कई बार शेक्सपियर ने किया और महान कविता रची।

प्रश्न : आप अंग्रेज़ी के प्राध्यापक रहे हैं और हिन्दी में कविताएँ लिखते हैं, नुक़सान या फ़ायदा

निवेदिता जी, अर्ज कर दूँ कि मैं अंग्रेज़ी बहुत कम जानता हूँ। पढ़ाने का मौक़ा भी ज़्यादा नहीं मिला। कक्षा में विद्यार्थी कम ही आते हैं। बाक़ी लोगों का कहा भी ईमानदारीपूर्वक मानना है कि मेरी अंग्रेज़ी सातवीं जमात की अंग्रेज़ी है। इसलिए समझिए कि मैं केवल हिन्दी ही जानता हूँ, वो भी कामचलाऊ। इसलिए मुझे न तो कोई फ़ायदा हुआ न नुक़सान। थोड़ी बहुत भोजपुरी और मगही ज़रूर जानता हूँ जिससे मेरी हिन्दी को शायद कुछ फ़ायदा हुआ। वैसे एक बात ज़रूर लगती है कि चाहे जितनी भी भाषाएँ आप जानें कविता करते वक़्त आप सब कुछ भूल कर केवल अपनी भाषा–मातृभाषा को ही जानते हैं–माँ का दूध पीते बच्चे की तरह दत्तचित्त, तन्मय। तुलसीदास और निराला संस्कृत के महान् पण्डित थे, टी.एस. इलियट फ्रेंच के, लेकिन कविता केवल अपनी भाषा में की। वैसे, ऐसे कवि भी हो सकते हैं कार्तिकेय की तरह जिन्हें छह माताएँ दूध पिलायें।

प्रश्न : अंग्रेज़ी ने आपको विश्व साहित्य के नज़दीक आने का मौक़ा दिया। वहाँ किस तरह का बदलाव देखते हैं?

अंग्रेज़ी के ज़रिये आप लगभग पूरी दुनिया के साहित्य को जान सकते हैं। समकालीन साहित्य में कविता का अनुवाद अब बहुत कम हो रहा है। उपन्यास का ज़्यादा, बहुत ज़्यादा। इसका कारण बाज़ार है। कविता में आठवें–नवें दशक (पिछली शताब्दी) में पूर्वी यूरोप की कविता,

ख़ासकर पोलिश एवं हंगेरियायी तथा कुछ रूसी या चेक के अनुवाद ज़्यादा आये जो बिल्कुल नयी तरह की कविता थी, नेरूदा या ब्रेख्त या हिकमत से भिन्न। इस कविता ने हम सबों को प्रभावित किया। फिर दक्षिणी अमेरिका के उपन्यासों तथा कविताओं ने भी बहुत प्रभावित किया।

पूरे विश्व साहित्य में ब्योरों की अधिकता, सूक्ष्म निरीक्षण तथा जीवन की संलिप्तता का बोध बढ़ा है, सत्ता के प्रति विरोध तथा पूँजीवाद के मानवविरोधी चरित्र पर आक्रमण बढ़ा है। साथ ही मिथकों, स्वप्नों, दास्तानों और लोकगाथाओं के प्रति आकर्षक और जादुई–यथार्थ की निर्मित की आकांक्षा बढ़ी है। आज मेरे प्रिय कवियों में *ज़्बीग्न्येव हेर्बेर्त* और *वीस्वावा बिम्बोर्स्का* और *मिस्त्राल* और *आए छीङ* हैं। कलाकारों में *मार्केस* और *बोर्खेस*।

प्रश्न : क्या कविताओं के लिए जगह कम हुई है?

नहीं। पहले भी जगह कम थी, आज भी कम है। लेकिन एक जगह है ज़रूर। दुनिया के इतने बड़े नक्शे में हिन्द महासागर के एक छोटे से टापू जितनी जगह। कम ही लोग कविता पढ़ते हैं। उपन्यास भी तो कम ही लोग पढ़ते हैं। और दर्शन? और शुद्ध विज्ञान? और गणित? क्या कोई आज के किसी दार्शनिक का नाम बता सकता है? आज की पूँजीवादी दुनिया में हर गम्भीर बात के लिए जगह बहुत कम है। मैं तो किसी को किसानों की आत्महत्या के बारे में बात करते नहीं सुनता। क्रिकेटरों और फ़िल्म अदाकारों और सटोरियों की बात तो सब करते हैं। पूँजीवाद केवल एक अर्थव्यवस्था नहीं है। वह एक पूर्ण मानव–विरोधी, अच्छाई–विरोधी, हिंस्र व्यवस्था है।

प्रश्न : किताबों के साथ पाठकों के रिश्ते...

किताबें आज बहुत बिकती है। अगर नहीं बिकतीं तो इतने प्रकाशक कहाँ से होते? इतने मेले क्यों लगते? लोग भी ख़रीदते हैं। अब जब खाना ही मोहाल हो तो किताब कौन खरीदेगा?

प्रश्न : नयी तकनीकी माध्यम से परहेज़...

परहेज़ तो नहीं है। लेकिन ये सब महँगे माध्यम हैं। जब तक आप एक को सीखते हैं तब तक वह पुराना पड़ जाता है। इसलिए क़लम–काग़ज़ ही मेरे को ज़्यादा मुफ़ीद बैठता है।

प्रश्न : इस दौर में भाषा की शुद्धता...

भाषा कभी भी शुद्ध नहीं रही। किसी ने आज तक शुद्ध भाषा न देखी न सुनी। जैसे ही मेरे जूठे गन्दे मुँह से एक पवित्र शब्द निकलता है वह अपवित्र हो जाता है। मुझे अंग्रेज़ी कवि *जॉन डन* की एक पंक्ति याद आती है– Nor chaste unless thou ravish me –जब तक तुम मुझे भोग न लो मैं पवित्र नहीं होती। यही बात भाषा के साथ है। एक दिलचस्प वाक़या सुनाता हूँ। अभी तीन–चार साल पहले स्पेनी भाषा के वैयाकरणों का विश्व–सम्मेलन हुआ जिसमें आयोजकों ने आज के महानतम स्पेनी भाषा के उपन्यासगार *मार्केस* को भी बुलाया था। वैयाकरणों ने एक स्वर से मार्केस को बुलाने का विरोध यह कह कर किया कि उसने स्पेनी भाषा को *अशुद्ध* किया है। ख़ैर! हर बार जब आप रचते हैं तो भाषा को अपवित्र करते हैं? शायद इसीलिए बच्चे के जन्म को भी *सूतक* माना जाता है कुछ समाजों में। फिर भी भाषा लगातार पवित्र बनी रहती है– Spending again what is already spent. (शेक्सपियर)।

प्रश्न : हिन्दी साहित्य से महिलाएँ ग़ायब दिखती हैं। क्या साहित्य में भी लैंगिक असमानता है?

नहीं, महिलाएँ ग़ायब नहीं हो रही हैं, बल्कि पिछले दो दशकों में जितनी स्त्रियाँ हिन्दी ही नहीं सभी भारतीय भाषाओं में जितनी बड़ी संख्या और प्रतिभा में सामने आयी हैं उतनी पहले कभी नहीं आयी थीं। हिन्दी में तो कथा–साहित्य में कृष्णा सोबती, मन्नू भण्डारी, मैत्रेयी पुष्पा, अलका सरावगी, चन्द्रकला, चित्रा मुद्‌गल, मृदुला गर्ग, ममता कालिया आदि शीर्ष पर हैं और कविता में भी गगन गिल, अनामिका कात्यायनी, नीलेश रघुवंशी, निर्मला पुतुल, सविता सिंह आदि अग्रणी स्थान रखती हैं। और मेरा सौभाग्य है कि अभी मैं एक स्त्री, लेखिका, विदुषी और पत्रकार से बात कर रहा हूँ। आमीन!

❑❑